감정도
설계가
된다

일상의 상처와 분노에 대처하는 심리기술

감정도 설계가 된다

초판 1쇄 인쇄 2020년 6월 17일
초판 1쇄 발행 2020년 6월 24일

지은이 브렌다 쇼샤나
옮긴이 김우종

책임편집 최보배
디자인 Aleph design

펴낸이 최현준·김소영
펴낸곳 빌리버튼
출판등록 제 2016-000166호
주소 서울시 마포구 양화로 15안길 3 201호(윤현빌딩)
전화 02-338-9271 I **팩스** 02-338-9272
메일 contents@billybutton.co.kr

ISBN 979-11-88545-87-2 03180

이 도서의 국립중앙도서관 출판예정도서목록(CIP)은 서지정보유통지원시스템 홈페이지(http://seoji.nl.go.kr)와
국가자료공동목록시스템(http://www.nl.go.kr/kolisnet)에서 이용하실 수 있습니다.(CIP제어번호:CIP2020023235)

일상의 상처와 분노에 대처하는 심리기술

감정도 설계가 된다

브렌다 쇼샤나 지음 · 김우종 옮김

빌리버튼 billybutton

부정적인 감정에 압도되지 않는 삶을 위하여

우울증, 조울증, 무기력함, 절망감, 공황장애, 수면장애, 강박증, ADHD(주의력 결핍 및 과잉 행동 장애), 불안, 공감력 부족, 자살 충동…….

혹시 당신에게도 이런 증상이 나타난다고 생각하는가? 자신의 삶이 불행하다고 느끼고 정신건강이 심각한 상황이라고 평가하는 사람이 많다. 사람들은 즐거움, 기쁨, 흥미, 만족, 활기, 자신감 등 긍정적인 감정보다 부정적인 감정에 큰 영향을 받는다. 사람들은 걱정, 당황, 갈망, 아픔,

공포 등을 느낄 때 심각하게 반응한다. 그리고 이런 감정들은 화와 관련이 있다. 부정적인 감정을 거슬러 올라가면 어김없이 화가 자리한다.

현대를 살아가는 우리는 심각한 '화' 증상을 겪고 있다. 길거리 폭력, 직장 내 폭력, 가정 폭력, 약물 중독 등은 화가 드러나는 많은 방식 중 일부에 불과하다. 화에서 비롯되었다고 추측해볼 수 있는 파괴적인 행동, 특히 위장된 형태로 드러나는 증상 때문에 수많은 사람이 술과 마약에 중독되고, 인간관계가 원활치 못하며, 항우울제에 의존하고, 비만에 시달린다.

화가 마음에만 병을 일으키는 것이 아니라 몸의 건강에도 해를 끼친다는 사실은 잘 알려져 있다. 화는 심장발작, 고혈압, 요통, 원인 모를 통증, 그 외 수많은 만성질환에 직접 영향을 미친다.

화는 우리가 잘 아는 격렬한 감정 폭발뿐만 아니라 미묘하게 다른 형태로도 표출된다. 화는 우울증, 인격장애, 절망감, 조울증, 난잡한 성생활, 가정 폭력 등 여러 모습으로 드러나며, 우리는 이로 인해 다양한 고통을 겪는다. 또 강박관념이나 강박장애, 일상생활에서 중요한 선택과 결정을 내리지 못하는 장애를 일으키기도 한다.

나는 40년 넘게 심리치료를 진행하며 셀 수 없이 많은 사람을 만났고 이야기를 나누었다. 내가 알게 된 사실은 그들이 부정적인 감정에 압도되어 있었다는 점이다. 절망, 우울, 무기력, 불안 등 부정적인 감정을 드러내는 사람들의 바탕에는 화가 자리잡고 있었다. 분노가 그들의 감정을, 삶 자체를 뒤흔들고 있었다.

내가 확실하게 말할 수 있는 것은 화가 여러 얼굴을 갖고 있다는 사실이다. 화는 다른 감정의 표면 아래 숨어서 늘 모습을 바꾸고, 늘 다른 가면을 쓴 채 나타난다. 이것은 화의 독특한 속성이기도 하다. 우리가 화를 잘 다스리지 못하는 이유도 화가 변장과 위장의 달인이기 때문이다.

화의 본모습을 제대로 파악하기는 어렵다. 우리 마음속에 부정적인 감정이 일어날 때, 그 뒤에는 화가 도사리고 있다. 화는 긍정적인 기분을 말려죽이는 독소이며, 삶을 어두운 절망에 빠뜨리는 은밀한 배후조종자다. 부정적인 감정 뒤에 화가 있다는 사실을 알아차리지 못하면 우리의 영혼은 서서히 황폐해지고 마음의 평화를 얻기 힘들다. 따라서 먼저 화의 실체를 이해하고, 언제 화가 일어나고 어떤 심각한 결과를 만들어내는지 관찰해야 한다. 그렇게 한 다음에야 우리는 자신과 주변 사람들에게 불행을 불러오는 비밀스러운 흐름을 짚어낼 수 있다.

부정적인 감정 뒤에 화가 숨어 있다는 것을 아는 것이 왜 중요한가? 우리는 자주 우울해지고 절망에 빠지고 인생에서 중요한 결정을 해야 할 때 집중하지 못한다. 그래서 기분을 바꿔줄 자극적인 것을 찾는다. 술과 마약, 항우울제를 탐닉하다가 중독이 되기도 한다. 심하면 자살을 떠올리기도 한다. 그런데 이 모든 경우에 한 가지 뚜렷한 원인이 있다면 어떨까?

자신에게 일어나는 일의 원인을 확실히 알아낸다면 자신감을 얻을 수 있다. 끝없이 밀려오는 불안감을 떨치려고 갖은 애를 써보지만 아무 효과도 보지 못하는 허탈한 상황을 피할 수 있다. 주변 사람과 자신이 들이는 노력과 시간과 비용도 아낄 수 있다. 무기력함에서 벗어날 수 있다. 삶이 온통 그림자로만 뒤덮여 있지 않다는 사실을 깨닫고 새롭게 시작할 수 있다.

　현대 사회는 이제부터라도 '화'라는 문제를 진지하게 받아들여야 한다. 화 때문에 우리는 고통을 받게 되었고, 이제 우리는 고요하고 평화로운 삶을 원하기 때문이다. 해를 끼치는 주범을 머리로 이해하는 일과, 삶에서 실제로 화를 제거하는 일은 다르다. 이 책은 화를 없애는 법을 다룬다.

　우리가 얻고 싶은 것은 하나다. 삶을 좀먹는 부정적인 감정을 몰아내고, 건강하고 홀가분한 마음의 안정을 들여오는 것이다. 이 방법을 익히면 마음과 영혼에 깊은 안식을 주고 나아가 몸의 아픔과 고통에서 벗어날 수 있다. 화를 내지 않는 삶, 부정적인 감정에 압도되지 않는 삶, 스스로 자기 감정을 설계하고 유지하는 삶은 진정 기쁨과 만족을 안겨줄 것이다.

이 책은 화의 스물네 가지 형태와 그 원인을 설명하는 것으로 시작된다. 당신은 직장상사의 분노, 배우자의 분노, 집단의 분노, 당신 자신의 분노가 실은 동일한 나무에서 뻗은 가지들이라는 것을 알게 될 것이다. 또 우울, 무기력함, 번아웃, 거짓말, 뒷담화, 몸의 통증, 경쟁심 등이 결국 하나의 뿌리에서 솟아난 결과임을 눈치챌 것이다. 어떤 사람들은 화를 방어기제로 사용하거나, 심지어 자신의 인격으로 삼는다는 사실도 알게 될 것이다.

현대인의 내면에 뿌리내린 '화'라는 독소를 말끔하게 제거하고 나면 몸과 마음의 고통은 사라지고 인간관계도 좋아질 것이다. 결국엔 화를 내는 일 자체가 불가능해질 것이다. 우리는 완전히 다른 사람으로 거듭나게 된다.

이 책에는 부정적인 감정 때문에 가정에서, 직장에서, 사회에서 어려움을 겪는 사람들의 사례가 나온다. 부부 관계, 부모-자식 관계, 상사-부하-동료 관계, 사회생활을 하면서 만들어가는 모든 관계에서 어두운 표정을 드리운 채 살아가는 사람들이다. 이들의 이야기에서 갈등과

　　　　　　　　　　　　　　머리말

어려움을 이겨낼 수 있는 실마리를 풍성하게 찾을 수 있을 것이다.

각 이야기의 끝에는 스스로 해볼 수 있는 간단한 연습법을 안내했다. 체육관에서 땀 흘리면서 운동을 하면 근육이 강해지고 유연성이 높아지듯이, 이 연습을 통해 부정적인 감정을 내가 원하는 대로 다룰 수 있다. 이 내면 근육을 튼튼하게 하는 연습들은 쉽고 재미있으며, 노력한 만큼 결과를 즉시 돌려준다.

당신이 느끼는 감정은 당신의 것이지만 그것을 다루기는 쉽지 않다. 어떤 상황에 있든 사랑과 평온함을 염두에 두고 감정을 선택한다면 당신은 새로운 사람으로 거듭나게 될 것이다.

- 브렌다 쇼샤나

| 차 례 |

1장

이 감정들은 모두 어디서 왔을까?
: 내 마음이 소란스러운 이유

2장

감정도 설계가 되나요?

: 내 마음을 돌보기 위해 부정적인 감정 샅샅이 파악하기

이 감정들은 모두
어디서 왔을까?

: 내 마음이 소란스러운 이유

01

화의
스물네 가지 형태

오늘날 많은 사람이 온갖 약물에 의존하고 있다. 항우울제, 항불안제, 다이어트 보조제, 혈압 억제제, 항응혈제, 그 외에도 부조화와 불행과 질병의 고통과 증상에서 벗어나기 위해 온갖 종류의 항생제가 사용된다. 언뜻 보면 이 각각의 증상은 서로 다른 것 같다. 그러나 좀더 깊이 들여다보면, 다양한 형태로 드러난 고통의 이면에는 공통으로 '화火'의 연기가 피어오르고 있음을 확인할 수 있다.

우리는 외부의 온갖 적敵을 두려워한다. 인류가 직면

한 가장 무서운 적은 바로 우리 안에 있는 분노다. 우리
는 그것이 모든 두려움을 만들어낸다는 사실과 화로 인
한 '독毒'이 우리 삶에 얼마나 큰 영향을 미치는지 모르고
살아간다.

화는 많은 얼굴을 갖고 있다. 그것은 다양한 모습으로
나타나 삶에 문제를 일으킨다. 직접적인 화는 쉽게 알아
볼 수 있다. 잘 알고 지내던 사람이 크게 화를 내면, 우리
는 그 화의 원인을 즉시 찾을 수 있다. 그러나 불행히도 대
부분의 화는 표면 아래에 숨어 있다. 그것은 우울, 불안,
무관심, 절망 등 수많은 형태로 제 모습을 끝없이 바꾸기
때문에 좀처럼 알아차리기 어렵다.

그러므로 우리는 먼저 화의 실체를 이해하고, 언제 화
가 일어나고 어떤 황폐한 결과를 만들어내는지 관찰해야
한다. 그것을 통해 우리는 자신과 주변 사람들에게 불행
을 불러오는 비밀스러운 흐름을 짚어낼 수 있게 된다. 제
모습을 숨긴 화를 내버려두면, 전반적인 삶의 질은 점점
낮아지고 우리는 화의 손아귀에서 계속 놀아나게 될 것

이다.

화에서 벗어나려면 먼저 화의 변장술과 회유책, 전략 등을 알아야 한다. 화의 스물네 가지 얼굴을 알아야만, 숨어 있는 적군 위에 조명을 비추고 그들을 하나하나 제거하는 과정을 시작할 수 있다.

이 스물네 가지 형태의 정의는 딱히 고정되어 있는 게 아니므로 사람에 따라 다소 차이가 있을 수 있다. 이제 곧 당신은 화의 수많은 얼굴이 서로 연결되어 있음을 깨닫게 될 것이다. 화는 그런 식으로 당신의 삶에 작용하고 있다. 그렇기에, 이 장 끝부분에서 당신이 자신만의 '화' 리스트를 작성할 수 있도록 도와줄 것이다.

'안다'는 것은 훌륭한 출발점이다. 당신의 앎이 분명하고 견고하면 화의 미묘한 공격은 더는 해를 끼치지 못한다. 당신은 화에서 벗어나지 못하는 한 왜 건강하고 충만한 삶이 불가능한지 명확하게 알게 될 것이다. 다양한 얼굴을 지닌 화와 함께 뒹구는 일을 그만둔 당신은 반드시 더 행복하고, 건강하고, 창조적이고, 온화하고, 생기 넘치는 사람이 되어 충만한 삶을 누리게 될 것이다.

화의 스물네 가지 형태

1. 직접적인 화

직접적인 화는 명백하게 공격적이므로 알아차리기 쉽다. 당신은 느끼는 그대로 화를 표현한다. 이처럼 화는 종종 숨김없이 드러난다. 우리는 종종 "너무 화가 치밀어서 어쩔 수 없었어" 하고 후회한다. 이런 화는 스스로 생명을 지니고 있어서 때로는 불길처럼 타올라 언어 폭력, 정신 폭력, 또는 물리적인 폭력으로 변한다. 그리고 점점 확대되어 폭행, 차량 파손, 사고, 살인, 온갖 형태의 전쟁으로 이어질 수도 있다.

2. 위선

우리는 화가 났고 스스로 그 사실을 알고 있지만, 가면과 거짓 웃음 뒤에 분노를 숨기고 상대방에게는 태연한 것처럼 연기를 한다. 가식적인 행동으로 자신의 본모습과 감정을 숨긴다. 이런 행동은 위선과 불신으로 발전한다. 우리는 단지 상대방을 잠시 속이는 것이라 생각하겠지만,

실제로는 자아와 자존감을 스스로 잃어간다.

3. 도둑질

화는 상대적인 박탈감을 일으켜 다른 사람의 소유물을 빼앗아올 권리가 있다고 생각하게 한다. 우리는 풍요와 소망을 얻으려고 노력하기보다는 호시탐탐 다른 사람의 것을 노리게 된다. 다른 사람의 행운을 시기하며 그것을 망치려고 애쓴다. 이런 화는 다른 사람의 소유물뿐만 아니라 인간관계까지도 방해하고, 결핍감에 시달리는 우리의 모습을 보며 즐긴다.

4. 거짓말과 기만

거짓말과 다양한 기만 행위는 분노와 부도덕한 의지에서 생겨난다. 이런 화가 자라나면 우리는 남을 속이고, 해치고, 기만하고, 그들의 삶에 혼란을 일으키며, 자신은 불신감 속에서 살아가게 된다. 남을 속이는 것은 곧 자신을 속이는 일이다. 기만 행위가 늘어날수록 우리는 점점 진실에서 멀어진다. 그리고 사람들은 불신감을 숨기든 드러내든 더 이상 우리를 믿지 않는다.

5. 우울증

우울증은 간혹 알아차리기 어려운 경우도 있지만 오늘날 매우 만연한 증상이다. 사람을 무력하게 만드는 네댓 가지 형태의 우울증은 비교적 쉽게 확인할 수 있다. 그러나 우울증은 과도한 잠, 집중력 저하, 혼란스러운 생각과 꿈, 거식拒食 등 자신과 다른 사람에게 해를 끼치는 미묘한 방식으로 나타날 수 있다.

우울증은 화가 자신에게로 향하는 것이지만, 지금 느끼고 있는 화를 정확히 정의하거나 표현하지는 못하는 상태다. 그러나 명확히 알기 어렵더라도 화는 여전히 존재하며, 계속 공격을 가해서 결국 당사자를 의기소침하게 한다.

6. 고립

고립은 우울증의 일부로, 만족감을 느끼지 못할 때 일어난다. 사회에서 설 자리가 없다거나, 소속되어 있지 못하다거나, 의미 있는 일을 하지 못한다고 느끼며 불만과 수치심으로 자신을 고립시킨다.

개인적인 고립이 심해지고 그런 사람들이 모이면 증오와 혐오감으로 가득 찬 집단이 형성되기도 한다. 이들은 분노로 가득 차서 세상을 부정적인 시각으로만 바라본다.

7. 수동 공격

수동 공격passive aggression은 요구받은 행동을 '하지 않음'으로써 화를 드러내는 방식이다. 수동 공격을 하는 사람은 상대방이 무엇을 원하는지 정확히 알아내고는 그 행동을 하지 않는다. 이들은 상대방의 정당한 요구에도 응하지 않고, 그들을 당황하게 하거나 화를 내게끔 유도한다. 수동 공격은 화를 표현하는 방식 중에서 상대방이 먼저 화를 냈다고 뒤집어씌우기 위한 방법, 즉 책임감에서 벗어나기 위한 행동이다.

8. 절망

절망은 삶, 감정, 상황을 도무지 통제할 수 없다는 느낌을 받을 때 생겨난다. 이 원초적인 화는 자신의 힘, 의지, 자신과의 약속(의무) 이행, 바깥세상에 대한 통제력 등의 본질적인 관념을 파괴한다. 절망감과 실망감은 당사자가 인식하지 못한 채 유지될 수도 있다. 절망감이 오래가면 온갖 종류의 생리적, 정신적, 감정적인 증상이 나타난다. 그러나 절망의 밑바탕에 깔린 '무력감을 부추기는 화'를 똑바로 바라봄으로써 이런 증상들은 곧 치유될 수 있다.

9. 자살

현대 사회의 자살 건수는 점점 더 많아지고 있으며, 특히 젊은이들의 자살은 심각한 사회문제가 되고 있다. 자살 혹은 자살충동은 절망과 무력감에서 비롯되는 화의 직접적인 표현이다. 자살은 자신을 살해하는 행위다. 자포자기의 사고방식에 빠지거나 실제로 자살을 시도하는 행동의 이면에는, 어김없이 깊은 화가 자리 잡고 있다.

묘하게도 자살은 자신의 권리를 행사하기 위한 유일한 수단으로 여겨지기도 한다. 자살은 자신을 해쳤던 사람들에게 복수함과 동시에, 자신의 신체와 인생에 절대적인 통제력을 발휘하는 강력한 행위이기 때문이다. 자살을 시도하는 사람은 다른 방법으로는 도저히 받을 수 없는 관심을 받고자 한다.

자살에 대한 생각이 떠올랐는데 사라지지 않는다면 그것을 매우 주의 깊게 지켜봐야 한다. 물론 애초에 그런 생각이 들지 않도록 차단하는 것이 가장 좋다. 이런 극단적인 상황을 피하기 위해서는 화의 가리개를 벗겨내고 그것을 원천적으로 뿌리 뽑는 법을 반드시 배워야만 한다.

10. 번아웃

많은 사람이 사회생활과 인간관계로 인해 지쳐간다. 일을 해보겠다는 의지, 열정, 기쁨을 느끼기가 점점 더 어려워진다. 이럴 때 대부분의 사람은 휴식, 휴가, 재충전 등이 최고의 해결책이라고 생각한다. 물론 그것도 도움이 되겠지만, 더 중요한 사실은 그 깊은 이면에 충분한 보상을 받지 못하고 있다는 좌절감과 분노가 있다는 점이다.

사람들의 소망이나 목표가 항상 충족되는 것은 아니며, 우리는 이미 그런 도전에 지쳤을 수도 있다. 아니면 중요한 이야기를 하는데 상대방이 듣지 않거나 무감각했을 수도 있다. 그럴 때는 그 상황에서 잠시 물러서서 최선의 결과를 얻지 못한 채 벽에 부딪힌 느낌, 즉 마음속의 화를 먼저 찾아야 한다. 그러고 나면 곧 적절한 행동과 해결책을 발견할 수 있게 되고 새로운 열정이 움틀 것이다.

11. 자기 방해

스스로 일을 망치는 행위는 다양한 상황에서 너무나 비슷하게, 그리고 반복적으로 일어난다. 업무나 인간관계가 아주 잘 풀릴 때, 어떤 사람들은 미묘하고 무의식적인 온갖 방법을 동원해서 스스로 일을 망쳐버린다. 이들은 기발한 방법으로 좋은 것을 발로 차버리고 주변 사람들에게 혼란을 일으킨다. 업무에 꼭 필요한 절차를 잊어버리거나, 속마음과는 다른 말을 하기도 한다. 이것은 모두 의도하지 않은 행동이지만, 그 아래에는 자신은 성공할 만한 가치가 없는 사람이라는 감정이 깊이 숨어 있다. 이처럼 내면의 화는 자신을 처벌하도록 종용하기도 한다.

12. 낮은 자존감

자기 파괴가 있는 곳에는 낮은 자존감도 있다. 이것은 자신에 대한 사랑, 보살핌, 존중감 등이 결핍된 상태다. 낮은 자존감은 화가 초래한 결과다. 우리는 스스로 만족하지 못한다. 마음속에 완벽한 기준을 갖고 있는지도 모른다. 어릴 때 소중한 사람을 실망시켰던 기억으로 인한 쓰라린 상처가 아직 남아 있을 수도 있다. 이렇듯 우리는 자신을 초라하게 여김으로써 부정적인 행동을 지속하려 한다. 자신을 매섭게 평가하고 단점만을 찾아낸다.

우리의 마음은 자신의 결점과 실수에 집중되어 있다. 즉, 나 자신이 나의 가장 큰 적이 된다. 낮은 자존감은 여러 징후 아래 뿌리내린 주된 원인으로, 시간이 갈수록 점점 더 가혹해지는 경향이 있다.

13. 강박행동

모든 형태의 강박행동compulsion은 내재한 분노에서 비롯된 불안을 억제하기 위한 방어기제로 볼 수 있다. 상당한 분노를 느꼈는데 그 분노를 받아들일 수 없을 때, 우리는 그것을 회피하고 제어하는 방법을 찾거나 은밀하고 왜곡된 방식으로 표현한다. 강박행동은 그렇게 생겨난다.

우리는 충동적으로 특정한 행동을 한다. 그 행동들은 자신이 느낀 분노에 대한 무의식적인 속죄의 의미를 지니고 있다. 강박은 어떤 의례儀禮를 수반하며 일어나기도 하는데, 이때는 분노를 용인될 수 있는 상징적인 방식으로 표현한다. 예를 들어, 많은 사람이 중독되어 있는 폭력적인 비디오 게임은 자신의 내부에서 휘몰아치는 폭력성과 충동을 용납될 수 있는 방식으로 표현하는 일종의 강박행동이다.

14. 강박관념

강박관념은 우리가 해결할 수 없는 상황에 처했을 때 생겨난다. 그 상황 속에는 이해하거나, 받아들이거나, 완성할 수 없는 요소가 있다. 우리는 그 상황을 있는 그대로 두고 보지 못한다. 이런 강박관념을 유지하는 힘은 종종 분노와 원한에서 나온다. 만일 우리가 어떤 상황이나 사람에 지나치게 사로잡혀 있다면, 누군가에 대한 상처가 남아 있으며 용서와 해방이 필요하다는 뜻이다. 우리에게 상처를 입힌 사람을 용서하지 못한다면, 자신을 해치는 강박관념으로 삶은 쉽게 소진될 것이다.

15. 복수심

매우 불행하게도, 복수심과 복수에 대한 환상은 대단히 흔하게 일어난다. 상처를 받거나 다친 사람은 상대방을 똑같이 공격함으로써 자신의 상처를 치유하고 정의를 바로잡을 수 있다고 생각한다. 이렇게 우리는 분노와 광기에 사로잡힌 채 상대방과 같은 수준으로 떨어진다. 복수에 대한 생각을 키우는 것은 독을 품는 것과 같다. 이런 화는 점점 자라나 당사자의 온전한 정신에 악영향을 끼치며, 원하는 방식으로 복수를 실행할 능력을 갖춘 이후에도 결코 충족되지 않는다. 증오와 분노로 불타는 사람은 분명 삶에서 그 이상을 잃게 된다.

16. 중독

우리는 종종 분노를 잠재우고 감정을 마비시키기 위해 다양한 물질에 중독되곤 한다. 자신을 내버리는 중독은 일시적이나마 즐거움, 안정감, 편안함을 준다. 드러나지 않는 충동에 집착하고 매달리고 갈구할수록 탐닉은 점점 더 심해진다.

이와 동일하게 우리는 화에도 중독될 수 있다. 화는 거짓된 힘과 통제력, 헛된 안도감과 편안함을 주는 중독물질이다. 심지어 화는 중독된 사람의 인격으로 확고하게 자리 잡아 인생을 완전히 지배할 수도 있다. 그러나 어떤 중독이든 거기에는 끔찍한 대가가 요구된다. 중독이 주는 힘세고 강해진 느낌은 허상에 불과하다. 진정으로 힘, 용기, 이해력이 필요할 때 화는 아무런 도움도 되지 못하기 때문이다.

17. 심신증

정신의학에는 심신증心身症이라는 말이 있는데, 심리적인 원인으로 신체에 병적인 증상이 일어나는 것을 말한다. 많은 사람에게 화는 다양한 형태의 통증, 장애, 건강 악화 등을 수반하며 신체적인 증상으로 나타난다. 몸과 마음의 관계에 대한 연구가 늘어나면서, 화가 억눌리고 쌓이면 고혈압, 신체 긴장, 심장 이상, 등 통증 같은 수많은 질병이 유발된다는 사실이 속속 밝혀졌다. 분노와 불만으로 가득한 마음은 어떤 식으로든 근육과 피와 뼈에 영향을 미쳐 건강한 삶을 유지하기 어렵게 만든다. 반면 비타민, 좋은 음식, 꾸준한 운동, 마음에서 화를 쏟아버리는 훈련 등은 건강을 유지하는 데 필수적인 요소다.

18. 예기불안

어떤 사람들은 공포와 두려움 속에서만 살아간다. 이들은 항상 끔찍한 일이 일어날 거라고 예상하고, 문제점을 찾아헤매고, 위험을 자초한다. 이들은 자신이 무자비한 세상의 혼돈에 휩쓸려갈 수밖에 없는 위태로운 존재라는 생각을 떨쳐내지 못한다. 이것이 바로 테러리즘의 토대다. 마음속에서 두려움의 씨를 키운 사람은 상황을 뒤바꿔놓을 극심한 변화, 즉 파국을 기대하게 되기 때문이다.

이들은 그런 상황이 일어날 가능성이 매우 낮다는 사실을 인식하지 못한다. 두려움이 그들의 삶을 삼켜버렸기 때문이다. 이렇듯 예기불안catastrophic expectation은 과장된 망상과 절망감에 기댄다(물론 위험 요소에 대한 건강한 자각조차 불필요하다는 뜻은 아니다. 건강한 자각은 삶을 지배할 만큼 과장된 두려움과는 엄연히 구분된다).

예기불안은 눈앞의 현실이 아닌 자신의 생각과 상상에만 매달려 있을 때, 그리고 무력감에 찌들어 있을 때 생겨난다. 그것은 주변 상황을 통제할 수 없거나, 타고난 재능을 발휘하지 못하거나, 자신에 대한 신뢰를 잃었을 때 자라난다. 이는 자신을 향한 분노의 일종이다.

19. 마조히즘

마조히즘은 자신을 학대함으로써 실질적인 쾌락을 얻는 상태다. 마조히스트는 의식적이든 무의식적이든 고통을 즐긴다. 이때 통증과 모욕은 기쁨 혹은 승리감과 연합된다. 마조히스트는 종종 어린아이처럼 창피당하거나 상처를 입는다. 이들은 일부러 해로운 상황을 유발하고 즐김으로써 과거에 대한 통제력을 갖고자 한다. 이들은 자신을 학대했던 사람들에게 무의식적으로 주장한다. "너희는 더 이상 나를 괴롭히지 못해. 왜냐하면 그 일은 내가 스스로 하고 있으니까."

그들은 고통과 실패가 기다리는 상황에 개입하고 도전하며 인간관계를 맺는다. 성적 마조히스트는 고통을 느끼고, 모욕당하고, 비참한 역할을 맡는 데서 성적인 쾌락을 느낀다. 이렇게 이들의 삶 전체는 자신 혹은 자신을 괴롭히는 사람들에 대한 증오, 처벌, 분노로 채워진다.

20. 사디즘

사디스트는 다른 사람을 공격하여 상대방이 고통받는 모습을 지켜보는 적극적인 방식으로 쾌락을 추구한다. 그런 행동을 통해 자신이 힘세고, 중요하고, 통제력 있는 인물이라는 느낌을 얻는다. 사디즘의 밑바탕에는 나약함과 불능감이 깔려 있다. 사디스트는 이런 무력감을 극복하기 위해 다른 사람을 해치거나 억압하는 방식을 택한다.

사디즘은 가학적인 인간관계를 통해 상대방을 해치거나 억압하거나 소유하거나 다그치는 등 매우 다양한 방식으로 표현된다. 이것은 분노의 직접적인 표현 방식이며

한 사람의 인생을 완전히 고갈시킨다.

21. 순교

순교자는 다른 사람들을 죄인으로 만든다. 그들은 마치 아무 욕심도 없는 성자처럼 행동한다. 그러나 그들의 가면은 이렇게 외친다. "나는 정말로 훌륭하고 나무랄 데 없는 존재다. 그런데 너희가 내게 저지른 일을 보아라."

순교자는 아무 대가와 보상을 바라지 않고 베풀기만 한다. 그러나 순교자는 다른 사람들이 그(순교자)보다 못하다고 자책하는 모습에서 즐거움을 느낀다. 이것은 교묘하게 다른 사람에게 죄책감을 덮어씌우는 형태로 나타난 분노의 비뚤어진 표현 방식이다.

이런 사람을 만나면 주의해야 한다. 특정한 사람과 함께 있을 때마다 항상 지나친 죄책감이 생기고 상대방보다 부족하다는 생각에 지배당한다면, 상대방이 보이지 않는 방식으로 당신에 대한 분노를 표현하는 것인지도 모른다.

22. 지나친 비판

어떤 사람들은 매사에 끊임없이 판결을 내리면서 다른 사람이나 자신을 가혹하게 비판한다. 이들은 언제나 잘못된 점 혹은 미비한 부분을 찾아내는 데 혈안이 되어 있으며 다른 사람에게서 장점을 찾아내지 못한다. 이들 중 일부는 완벽주의자로서, 불가능한 기준을 세워놓고 만나는 사람들과 자신에게 그것을 강요한다. 예를 들어, 어떤 부모는 자녀를 위한다는 명목으로 자녀의 일에 지나치게 간섭한다. 이런 행동은 상대방에게 최선의 기준을 제시한다는 그럴듯한 치장을 하고 있지만, 매우 흔하게 볼 수 있는 화의 명백한 표현 방식일 뿐이다. 그러나 늘 잘못된 점만을 찾아내서는 결코 상대방에게서 최선의 결과를 이끌어낼 수 없다.

23. 비난

비난blaming은 비판criticism과 다르다. 비판을 하는 사람들은 잘못된 점을 찾아다닌다. 그러나 비난은 자신의 삶과 인간관계가 틀어진 원인을 다른 사람에게 뒤집어씌우는 적극적인 투사projection다. 이들은 어떤 상황에서도 책임을 지지 않으려고 하며 자신이 맡은 역할을 이해하지 못한다. 이들은 자신이 실패했다는 사실을 숨기기 위해 비난을 이용한다. 비난은 다른 사람을 향한 직접적인 공격이므로 쉽게 발견된다. 동시에 그것은 진실에 대한 공격이기도 하다. 상황을 개선하려면 다른 사람을 비난하기보다 자신의 책임을 먼저 인식해야 한다. 자신이 맡은 역할을 분명히 인식하고, 그 안에서 당장 변화시킬 수 있는 요소를 찾아보는 것만이 유일한 해결책이기 때문이다.

24. 험담

험담(뒷담화)은 오늘날 가장 쉽게 볼 수 있는 행동 중 하나다. 그러나 그것은 매우 위험하고 치명적이다. 우리는 그저 재미로 험담을 하지만 다른 사람의 행동이나 어떤 사건에 대해 나쁜 면만을 토론하는 것은 생각보다 훨씬 심각한 결과를 빚는다. 험담은 그 소문의 당사자, 퍼트리는 사람, 듣는 사람 모두의 인간관계를 망가뜨린다. 또한 소문은 왜곡되어 전파되기 십상이므로 금세 욕설로 변한다.

험담은 모든 참여자에게 서서히 독을 주입하여 분노와 증오 속으로 빠뜨린다.

 당신은 어떤 화를 지니고 있는가?

지금까지 화를 냈던 상황을 적어보라. 충분한 시간을 들여 지난 기억을 되짚어보라. 이것은 자기 경험을 기록해보는 간단한 연습이지만, 분노의 악영향에서 벗어나는 여정의 첫 단계이기도 하다. 어쩌면 당신은 앞으로도 화를 유발한 원인을 기록해두고 싶어질 수 있다. 대부분의 사람은 무엇이 진정으로 자신을 흔들어놓는지에 대해 어렴풋한 느낌만을 갖고 있다. 그렇다고 자신을 검열하지는 말라. 자아비판을 하거나 냉철해져야 할 필요는 조금도 없다. 지금은 단지 자신을 바라보고 관찰하는 데만 시간을 사용하라.

02

부정적인 감정에 중독되다

우리는 매우 쉽게 중독된다. 중독은 반복 경험을 통해 다양하고 복잡하게 형성된다. 우리는 습관의 창조물이다. 습관적인 행동과 절차는 삶에 안정감, 정확성, 편안함을 제공한다. 사람들은 습관을 곧 자신이라고 여기기도 한다. 따라서 어떤 습관들이 파괴됨과 동시에 안락함도 사라질 수 있다.

우리가 안락함을 위해 어떤 습관에 의지하고 있다면 그습관은 중독으로 발전하기 쉽다. 행동, 감정, 물질, 사람 등 무엇이든 될 수 있는 이 특정한 습관 없이는 우리는 상황을 헤쳐나갈 수 없다고 느낀다. 불안이 커질수록 좋은 기분을 회복하고자 하는 갈망도 커지므로, 결국 불안의 실체를 알려고 하기보다는 그 갈망을 채우는 데만 급급하게 된다. 이것이 바로 특정한 습관에 대한 의존이며, 그 습관을 우리의 안락감과 연결하여 본래 목적과는 다르게 활용하는 상태다. 습관이 되면 우리는 어떤 대상에도 중독될 수 있다. 꿈, 공상, 사람, 감정, 행동 등 안도감을 주는 것이라면 무엇이든 상관없다.

습관에 중독되면 삶은 자유에서 멀어진다. 그 습관 없이는 아무것도 할 수 없다고 여긴다. 우리의 선택, 행동, 인간관계는 습관에 지배당한다. 일시적인 즐거움에 비해 엄청난 대가를 감당해야 하는 이런 거래는 대개 드러나지 않는 곳에서 이루어진다.

사람들은 다양한 방식으로 중독되며, 그만큼 중독은 많은 효과를 제공한다. 특히 화에 중독되는 것은 가장 흔하면서도 위험한 현상이지만, 좀처럼 알아차리기 어렵다. 알코올 의존자나 마약 중독자처럼 화에 중독된 사람은 처음에는 쾌락을 느끼지만, 점차 화의 노예가 되어 곧 삶이 피폐해지는 고통스러운 결과와 마주하게 된다.

중독에서 탈출하는 가장 좋은 방법은 그것을 정면으로 바라보는 것이다. 그 중독 물질(습관)이 작용하는 방식, 거짓말과 헛된 약속, 우리가 치른 크나큰 희생을 먼저 분명하게 인식해야 한다. 그리고 중독이 진행되는 과정을 완전히 파악한 후에는 중독이 유지되게 했던 두려움을 차례로 제거한다. 그 두려움은 중독에 연료를 공급했던 숨은 욕구를 찾아내서 해결하면 곧 사라진다. 이런 과정을 거쳐 우리는 다시 힘차게 살아갈 수 있다.

중독이 짜릿한 이유

중독된 사람의 머릿속에는 오직 그 대상에 대한 생각, 즉 또 다른 자극의 추구밖에 없다. 시야는 좁아지고 집중력은 약해지며 인생의 다양한 모습이 눈에 들어오지 않는다. 이렇게 중독은 우리를 위로한다. 하나의 대상만을 바라봄으로써, 우리는 원치 않았던 경험과 고통스러운 감정에 무감각해진다. 중독은 고통과 불안에서 우리를 방어하는 기능을 한다. 그리고 맞닥뜨리고 처리해야만 하는 문제에서 우리를 떼어놓는다. 그러나 이렇게 일시적으로 안심하는 상황 아래에서, 그 문제는 더 심각하게 자라나고 곪는다.

중독은 마치 자신이 위대하고, 힘세고, 천하무적이 된 듯한 쾌감과 활력을 공급한다. 또한 불만과 절망감을 저 멀리 밀어낸다. 그러나 이렇게 잠시 좋은 기분을 선물함과 동시에, 자신이 어떤 문제를 일으키고 있는지 인식하지 못할 만큼 맹목적인 열망도 일으킨다. 중독이 심해질수록 원하는 수준에 이르기 위해 중독 물질(또는 행동)의 투여량도 점점 많아질 수밖에 없다는 사실을 중독자는 깨닫지 못한다. 투여량이 많아질 때마다 중독의 부정적인 영향력은 그의 삶을 집어삼킨다. 중독은 조금씩 모든 것을 앗아가고, 그는 결국 중독의 노예로 전락한다.

중독은 '안전함'을 잘못 판단하게 한다. 중독자는 안정감과 편안함을 얻는다. 그러나 실제로는 중독이 바로 그의 진정한 안전을 파괴하고 있다. 중독은 진실하고 가치 있고 안정된 삶을 영위하는 데 꼭 필요한 행동조차 하지 못하도록 그의 눈을 가려버린다.

레니는 성격은 부드럽지만 갈등과 문제가 생길 때마다 움츠러드는 남자였다. 목소리를 높이거나, 다른 사람을 해치거나, 잘못된 상황에 놓이는 것을 두려워했다. 레니는 직장생활 자체를 어려워했고, 능력이 뛰어난데도 승진에 관심이 없어 하찮은 일을 맡고 있었다.

그러던 어느 날 사무실에서 갈등이 있었고, 내면에서 어떤 감정이 치밀어오르는 것을 느낀 레니는 직속상관이 눈앞에 있었는데도 이렇게 말해버렸다.

"더는 못 해 먹겠어!"

그는 이렇게 회상한다.

"얼굴이 붉어지는 게 느껴졌어요. 그냥 입을 열었는데 너무 큰소리가 나서 사무실 사람들이 모두 똑똑히 들었을 정도였죠."

그러나 그 후로 레니는 분노를 숨겼을 때보다 더 많은 존중을 받게 되었다는 사실을 알고는 놀랐다. 사무실 사람들은 마치 새로운 사람 대하듯이 그를 바라보았다.

이렇게 레니는 처음으로 화를 냈다. 레니는 그것이 좋아졌다. 화를 내면 힘이 생기고 부족한 부분이 보충되는 듯했다. 기분도 더 좋아졌다. 곧 레니는 화내기에 빠져들었다. 감정을 다스리거나 다른 사람과 관계를 건설적으로 일궈야 할 상황에서도, 그는 감정을 폭발시키는 방식에 의존했다(이는 어린아이가 계속 짜증을 내는 행위와 같다).

레니의 폭발은 동료들의 업무를 방해하고 사무실 분위기를 지배했으며, 오랫동안 갈구했던 관심을 레니에게로 집중시켜주었다. 이제 레니는 집에서도 같은 방식으로 행동했다. 그 때문에 주변에 혼란이 생기긴 했지만, 어쨌든 레니는 원하는 것을 얻었다.

오래지 않아 레니는 화에 중독되었다. 처음에는 힘을 얻은 듯한 기분을 느꼈다. 그는 친한 친구와 가족조차 자신을 피하고 있음을 눈치채지 못했다. 소화가 잘 안 되고 악몽을 꾸는 등 새로운 문제가 생겼지만 화 때문이라고 생각하지 않았다. 이제 레니는 화를 내지 않으면 자신이 나약한 존재이며, 이용당하고 무시당한다고 느꼈다. 그는 살아가기 위해 화가 필요했으며, 그것을 위해서는 그 어떤 대가라도 치를 수 있었다.

화를 낼 때 우리는 힘, 강함, 정의, 권력, 권위, 통제력이 자신에게 있다는 일시적인 착각에 빠지곤 한다. 분노의 파도는 알코올과 마찬가지로 우리를 두려움과 억제력과 의심으로부터 멀리 떨어뜨려 놓는다. 대신 평소에 느끼거나 행사하기 어려운 자유와 권리에 대한 일시적인 감각이 그 자리를 차지한다.

화는 또한 자신이 절대적으로 옳다는 생각을 만들어냄

으로써 논리적인 생각을 하지 못하도록 방해한다. 화가 일어나는 순간에는 망설임 따위는 존재하지 않으며 망설일 필요도 느껴지지 않는다. 평소에는 결정을 내리는 데 문제를 겪는 사람도 화가 나면 쉽게 결정한다. 그러나 그들은 결정을 내린 주체가 자신이 아니라 '분노'라는 사실을 인식하지 못한다. 화가 났을 때 내리는 결정은 대개 상황의 제한된 측면에만 근거를 둔 편협한 것이다. 그런 결정이 긍정적인 결과를 가져오는 경우는 거의 없다.

화는 자신이 정당하다는 느낌을 준다. 마음이 고요할 때는 전혀 받아들일 수 없는 행동도 화가 났을 때는 아무렇지 않게 저지를 수 있다. 화는 또한 입 밖으로 꺼내지 않아야 할 부정적인 생각과 감정마저 아무 생각 없이 내뱉게 한다. 물론 분노의 파도가 가라앉은 후에는 그 말을 다시 주워담을 수 없다. 사과를 하더라도 이미 엎질러진 물이다. 막상 화가 났을 때는 떠오르는 대로 말해버려야 기분이 좋지만, 조금만 시간이 지나면 현실이 보이고 후회만이 남는다. 그때는 대가를 치를 일만 남을 뿐이다.

화를 낸 상황을 기록해보자

1. 자신도 모르게 화가 나거나 흥분하는 경우가 생
   기면 그 전후 상황을 기록해두라. 어떤 사람, 생
   각, 기억, 상황이 화를 일으켰는가?
2. 오늘 하루만은 다른 사람이 당신을 공격하더라
   도 한 발짝 물러나 그저 관찰하고 기록하라. 앞
   뒤 가릴 것 없다는 듯 화를 내지 말고, 그저 바라
   만 보라.

03

저한테서 화를 빼면
뭐가 남을까요?

불행하게도 일상적인 화는 쉽게 응집되어 그 사람의 인 격으로 자리 잡기도 한다. 강한 남자, 불량배, 잘난 체하 는 사람, 전사, 순교자 등의 정체성은 일종의 갑옷이 되어 자신의 분노를 변호하고 다른 사람들의 보복을 막아준다. 이런 정체성에 깊게 빠진 사람들은 무대에서 잠시 맡은 역할에 따라 옷을 입었을 뿐이라는 사실을 잊는다. 이들 은 그 옷이 진정한 자신이라 여기고 그것 없이는 아무것 도 하지 못한다. 이 허상은 그토록 바라는 행복과 융통성,

친밀한 인간관계를 곳곳에서 가로막는다.

"저한테서 화를 빼면 뭐가 남을까요?"

로저는 스스로 묻고 대답했다.

"아마 아무에게나 무시당하는 흐물흐물한 존재가 되어
버릴 거예요."

로저는 결혼생활에서 생긴 문제를 해결하기 위해 아내
와 함께 상담 치료를 받는 중이었다. 그의 첫 번째 문제
는, 남에게 지적받는 일을 피하려고 항상 강한 남자인 척
한다는 점이었다.

"아내가 저를 함부로 대하게 놔두지 않을 거예요."

아내가 감정을 표현하거나 뭔가를 요구할 때마다 로저
는 말을 끊었다. 그는 아내의 말이 끝나기도 전에 비꼬는
투로 쏘아붙이기 일쑤였다.

"아내가 지금 제가 못났다고 말하는 건가요?"

로저는 어떻게든 트집을 잡았고, 결국 대화는 시작되자
마자 말싸움으로 변했다. 그는 이 싸움에 자기 인생이 달
렸다고 믿는 듯했다. 로저는 어떤 대가를 치르더라도 '남

자'라는 정체성을 지켜내야 한다고 느꼈다.

"나는 강한 남자예요."

로저는 입버릇처럼 말했다.

그러나 강한 남자라는 정체성을 내려놓지 않는 한, 로저는 결혼생활의 문제를 해결하기는커녕 상황이 어찌 돌아가고 있는지조차 파악할 수 없을 것이다. 로저는 다른 사람의 말에 귀 기울이지 못했고, 아내의 요구와 감정 표현에 그를 몰아세우려는 목적이 전혀 없다는 사실도 깨닫지 못했다. 로저는 자신의 진정한 모습을 마주하고 받아들일 준비가 되어 있지 않았다. 우리의 정체성에 화, 두려움, 자기변명이 끼어들면 이런 결과가 생겨나게 마련이다.

그런데 주목해야 할 점은, 엄연히 분노가 깔린 어떤 인격은 오히려 사회적으로 인정받고, 칭찬받고, 치켜세워질 수도 있다는 사실이다. 사다리 꼭대기에 먼저 오르기 위해 어떤 짓도 저지를 수 있을 만큼 야심만만하고 경쟁을 즐기는 사람이 칭송되는 그런 집단이 있다. 그 과정에서 얼마나 많은 사람이 눈물을 흘려야 했고, 결과적으로 얼마나 큰 손실이 일어났는지는 조금도 고려되지 않는다. 승자는 모든 것을 거둬가고 박수와 존경과 아첨에 둘러싸인다.

그러나 '내가 승리자야'라는 생각을 상표처럼 자신의 정체성에 붙여놓는 순간, 또 다른 헛된 인식이 등장한다. '승리자'라는 상표는 자신이 남들보다 훌륭하고, 힘세고, 강하다고 느끼게 한다. 그는 자신이 저질러온 일, 또는 자신의 행동이 다른 사람들에게 미친 영향을 제대로 바라보지 못한다.

여기에 함정이 있다. 자신을 어떤 역할, 직함, 상표로 여기는 사람은 한시도 마음 편히 지내지 못한다. 자신의 위치를 노리는 사람이 등장할 때마다 그 덧없는 명함을 잃을까 봐, 또는 패배자가 되어 자신의 굳은 정체성이 흔들릴까봐 노심초사한다.

그러나 당신은 스스로 심고 길러낸 결과에서 도망칠 수 없다. "뿌린 대로 거둔다"라는 말은 불변의 법칙이다. 강한 남자든, 승리자든, 어떤 모양의 탈을 썼든 탈을 쓰고 행한 온갖 일을 전부 다 변명할 수 있다 하더라도, 우리는 자신의 생각과 활동과 흔적의 결과를 한 치의 오차도 없이 그대로 경험하게 된다. 이처럼 거짓된 인격은 우리의 눈을 일시적으로 멀게 만든다는 사실을 반드시 명심해야 한다. 우리가 눈앞의 모든 요소, 모든 순간을 향해 항상 열려 있어야 하는 이유가 바로 여기에 있다.

부정적인 감정이 만들어내는 가짜 인격

아래 항목들은 분노가 거짓 옷을 입고 자신을 드러내는 방식과 그 각각의 인격이 당사자를 소진시켜가는 모습을 설명한다. 어쩌면 당신은 이런 인격이 바로 자신의 이야기라고, 혹은 이런 사람 때문에 고생하고 있다고 생각하며 좀 놀랄지도 모른다. 감독관, 짓궂은 사람, 무기력한 사람, 순교자 또는 희생자, 완벽주의자, 권력에 빌붙는 사람, 나서는 사람, 지나치게 꼼꼼한 친구……. 이 목록에 당신이 추가할 수 있는 것을 찾아보고, 그것(자신 혹은 다른 사람의 인격)이 인생에 어떤 영향을 미치고 있는지 생각해보라.

1. 감독관

감독관은 특별한 능력과 지식과 명령할 권리를 갖고 있는 듯 행세한다. 많은 사람은 자신을 성공으로 이끌어줄 유능한 감독관을 원한다. 겉으로 보기에 이것은 꽤 괜찮은 방법처럼 보인다. 감독관은 좋은 결과를 얻기 위해 지시를 하는 거라고, 당신을 통제하는 것은 그저 그 목적 때문이라고 말할 것이다. 그러나 자신의 지배가 피지배자들에게도 최선이라는 감독관의 주장은 한쪽 면만 진실이다. 이런 주장이 여과 없이 받아들여지면, 지배받는 사람들은 머지않아 자신의 권리와 내적인 감각까지도 포기하게 된다.

여기에는 또 다른 대가가 필요하다. 다른 사람들을 조종할 수 있고 통제해야만 한다는 인식을 갖게 된 감독관의 마음속에는 깔보는 태도가 깔려 있다. 다른 사람들은 자신의 삶을 책임질 수 없으며 감독관의 뜻에 따라 움직일 수 있다고 생각한다. 감독관은 다른 사람에게서 장점을 발견하지 못할 뿐 아니라, 다른 사람도 자신과 동등한 인격체라는 사실을 잊고 하찮은 물건 대하듯 한다. 또한 상대방에게 자신이 더 뛰어나고 현명하고 힘센 존재이며, '당신의 도움 요청에 응할 뿐'이라는 무언의 메시지를 전달한다. 이렇게 이들은 불균형한 종속 관계를 조장한다.

결국 감독관 외의 사람들은 혼자 힘으로 결정하거나 재능을 발휘할 능력이 없다는 식으로 스스로 비하하게 된다. 우리는 남에게 통제받는 한 절대로 건강할 수 없다. 차라리 스스로 약하다고 느끼는 것이 더 낫다. 최고의 우정은 상대방이 스스로 일어서서 제 능력을 발휘하도록 돕는 것이다.

2. 짓궂은 사람

화가 꾸며내는 또 다른 인격은 짓궂은 사람이다. 그들은 연애박사, 매력적인 사람, 반할 만한 사람으로 보이기도 하지만, 그 증세가 심한 대부분은 그저 사기꾼일 뿐이다. 그들은 멋지고, 똑똑하고, 잘 웃는다. 당신은 그들과 함께 있을 때 즐거움을 느낄 것이다. 몇몇은 주위 사람들을 흥분시킬 만한 카리스마를 내뿜을지도 모른다. 그들은 당신에게 달콤한 말을 건네고, 마음을 설레게 하고, 함정에 빠뜨릴 것이다. 그 약속은 구체적인 말일 수도 있고, 말이 아닐 수도 있다.

그러나 그들이 그 약속을 몇 번이나 지켰겠는가? 그 약속을 내세우면서 당신에게 무엇을 요구했는가? 불행히도 짓궂은 사람이 빈손을 보여주면(물론 양손이 아닌 한쪽 손일 뿐이다), 대부분의 사람은 흔쾌히 뭔가를 쥐여준다.

짓궂은 사람은 당신과 게임을 벌인다. 이들은 유혹의 마력을 즐기고, 그것을 통해 자신감을 얻는다. 또한 다른 사람의 소유물을 손에 쥔 채로 잠적하기를 즐기기도 한다. 이들은 당신이 안달하는 모습을 보며 자신감과 활력과 그 외의 많은 것을 얻는다. 그 뒤에는 분노가 있다. 이들은 마치 쥐와 고양이처럼 쫓고 쫓기는 상황을 즐기며 활동한다.

위에 소개한 각 인격은 분노로 활성화되며, 저마다 활동 방식을 가지고 있다. 자신의 참모습을 제대로 알고 분노라는 덫에서 벗어난다면, 우리는 다른 사람들이 벌이는 게임에 말려들지 않게 될 것이다.

1. 화가 치솟았을 때 당신은 어떤 모습(역할)인지 적어보라. 그 역할이 다른 사람들에게는 어떻게 보일지도 생각해보라. 판단하지 말고, 있었던 일만을 기록하라.

2. 거꾸로, 다른 사람의 역할에 끌려다니는 자신의 모습을 적어보라.

3. 그 역할이 활동할 때 생길 수 있는 각 시나리오를 간략히 적어보라. 당신과 상대방 사이에서 어떤 의도, 요구, 지시, 태도가 오가는가? 그것은 진정으로 당신과 상대방에게 도움이 되는가?

04

마음에 화가 일어날 때
대처하는 법

한참 화를 내면서 화의 한가운데 있을 때, 우리는 기계적으로 남을 탓하고 공격하고 무례하게 대하는 등 여러 가지 반응을 하게 된다. 이런 반응들은 우리 자신과 다른 사람들을 해칠 뿐만 아니라, 화 자체를 점점 강화시켜 결국 문제 해결이 불가능한 상황을 조성한다. 진실로, 화는 상황을 어렵게만 만든다.

긴급 대처법은 어떤 상황에서든 즉시 화를 가라앉힐 수 있는 효과적인 방법이다. 그러나 미리 연습해두지 않으면,

분노에 사로잡혔을 때 적절히 사용하기 어려울 수도 있다. 미리 공부하고 연습하라. 이 대처법에 익숙해지면 당신은 긴급한 상황에서 효과적으로 벗어날 수 있다. 이 연습이 어렵게 느껴지면, 최근에 당신을 화나게 한 사람이나 상황을 떠올려보라. 또는 여전히 당신의 마음을 불태우고 있는 대상이라면 뭐든 좋다.

긴급 대처법에는 여러 단계가 있기 때문에, 당신은 화가 난 상태에서 그 모두를 기억해내지 못할 수도 있다. 그래도 괜찮다. 단 한 단계만 실천하더라도 그 결과는 매우 달라질 것이다.

8단계 긴급 대처법

1. 마음속에서 화가 일어나는 것이 감지되면, 즉각 모든 것을 멈추라. 완전히 멈춘 상태를 한동안 유지하라(앉든지 서든지 관계없다. 이때 몸 안에서는 분노의 움직임이 느껴질 것이다). 되도록 최대한 마음을 가라앉혀라. 숫자를

세며 10회 정도 심호흡을 하라.

2. 그 상황을 더 큰 맥락에서, 가능하면 인생 전체의 관점에서 바라보라. 그 일이 결코 세상을 끝장낼 만한 일이 아님을 인식하라.

3. 당신에게도 잘못이 있을지 모른다고 생각해보라. 일단 화가 나면 '내가 옳고 상대방이 틀렸으니 내게는 화를 낼 권리가 있다'는 생각을 뒷받침하는 수천 가지 이유가 마음속에 떠오를 것이다. 현대 사회는 다른 사람을 배려하기보다 정당하게 화를 표현하고 받은 대로 되돌려주는 태도를 권장한다. 그러나 분노에 사로잡혔을 때는 상황을 전체적으로 바라보거나 온전하게 알기가 어렵다는 사실을 기억하라. 상대방도 저 나름의 문제 때문에 당신과 같은 억울함을 느끼고 있는지 모른다. 그러니 한 번쯤은 상대방의 말이 옳을지도 모른다고 생각해보라. 당신의 생각은 대부분 옳겠지만, 그렇다고 전부, 항상 옳은 것은 아니다.

4. 상대방이 의도적으로 당신을 언짢게 하려는 것이 아니라는 사실을 받아들여라. 분노는 당신이 상황을 어

떻게 해석하느냐에 달렸다. 그 해석은 실제 상황과 다를 수 있다. 많은 경우에 분노는 망상을 키우므로, 우리는 다른 사람들이 일부러 우리를 언짢고 화나게 한다는 생각에 휩싸여 평정을 잃는다. 그러나 오히려 상대방은 당신의 공격에서 자신을 방어하기 위해 애쓰고 있는지도 모른다. 더 나아가, 그들은 실제로 당신을 도우려고 하며 그들이 당신에게 한 일이 실은 좋은 의도에서 비롯된 것일 수도 있다.

5. 상대방에게서 동정심을 느낄 만한 요소를 찾아보라. 예를 들어, 그들은 매우 심각한 고통을 겪는지도 모른다. 상대방에게 동정심을 느낄 때는 화를 내기가 불가능하다.

6. 당신을 화나게 한 상대방을 용서하라.

7. 화가 났던 당신, 또는 당신이 홧김에 했던 행동을 용서하라.

8. 그 상황으로 되돌아가서 적을 친구로 만들 수 있는 방법을 찾아보라. 상대방에게 어떻게 실질적으로 도움을 줄 수 있을지 찾아보고 그것을 실천하라.

어떤 단계(지점)에서, 당신은 분명히 마음 깊은 곳에서 화가 가라앉음을 느끼게 될 것이다. 고요함과 안정감이 당신을 감쌀 것이다. 어떤 경우에는 그 사건을 둘러싼 상황이 매우 급격하게 돌아갈 수도 있다. 그렇더라도 당신의 편안함은 깨지지 않는다. 나중에 그 상황을 되돌아보아도 마음속에는 정리해야 할 부분이 남지 않을 것이다. 당신은 최소한 중립적인 입장을 취할 수 있게 되며, 더 좋게는 새로운 사랑이 솟아날 수도 있다.

이 대처법은 누구나 할 수 있으며, 언제 어디서든 적용할 수 있다.

자동 반응을 멈추는 법

마르샤는 권위적인 남편을 만나 힘든 결혼생활을 하고 있었다. 남편이 집에 돌아와 이런저런 요구를 할 때마다, 그녀는 저항할 기력도 없이 자신은 쓸모없는 존재라고 느꼈다. 마르샤는 남편이 힘세고 유능하고 똑똑하고 자기 조절을 잘한다고 여겼지만, 자신은 그와 정반대라고 생각했다. 남편과 함께 있을 때마다, 마르샤의 이런 생각은 점점 더 깊게 뿌리내렸다.

마르샤의 이런 자동적인 반응을 바꾸기 위해, 우리는 그녀에게 남편에 대한 관점을 바꿔보라고 조언했다. 마르샤는 남편이 흠잡을 데 없는 옷차림을 하고 있더라도 방금 병원에서 전기충격 치료를 받고 돌아온 사람이라고 상상해보기로 다짐했다. 그녀는 남편의 성냄과 거만함은 그 치료 때문이며, 남편의 행동은 더이상 자신을 흔들지 못한다고 되뇌었다.

다음번에 남편이 또다시 권위적인 행동을 시작했을 때, 마르샤는 자신이 선택한 관점대로 남편을 바라보았다. 그러자 남편이 더는 위협적으로 보이지 않았다. 오히려 마르샤는 불쌍한 남편에게 미소를 보낼 수 있었다. 상황은 완전히 달라졌다. 마르샤는 자기 내면에서 우러나오는 힘을 느꼈다. 그녀는 자신이 먼저 남편을 우러러봤기 때문에 남편이 자신을 좌지우지할 만한 힘을 갖게 되었다는 사실을 깨달았다. 그렇게 불균형이 바로잡히고 나자, 그

둘은 다시 동등한 관계가 되어갔다.

 진정으로, 어떤 악인도 온갖 단점을 만회할 만한 장점을 하나쯤은 지니고 있다. 당신이 좀더 고요해지면 이 진리를 확실하게 이해할 수 있을 것이다. 마르샤는 더이상 남편에 대한 허상을 간직할 필요가 없었으며, 열린 마음으로 상황을 객관적으로 인식할 수 있게 되었다.

 그러나 자동적인 반응 패턴을 멈춰 긴급 대처법의 본래 목적을 달성하려면, 생각과 주의집중을 '고요'와 '균형'으로 재빨리 되돌릴 수 있어야 한다. 무엇보다 중요한 것은, 내면에서 흘러가는 대화를 그대로 내버려두지 말아야 한다는 점이다.

감정도
설계가 되나요?

: 내 마음을 돌보기 위해
부정적인 감정
샅샅이 파악하기

01

상처받지 않으려고
선을 긋는다

어느 날 샌드라는 수십 년간 가장 친하게 지낸 친구 니나가 뒷자리에서 자기 얘기를 하는 것을 듣게 되었다. 그런데 니나는 샌드라와 함께 있을 때와는 완전히 다른 태도로 말했다. 자매보다 가까운 사이라고 여겼던 친구가 두 얼굴을 지닌 채 자신을 속여왔다는 사실을 알게 되자, 샌드라는 니나를 믿지 못하게 되었다.

샌드라는 비참했다. 그녀는 니나와 관계를 끊었을 뿐만 아니라 자기 판단력도 의심했다. 이런 의심은 커져만 갔고, 결국 샌드라는 아무도 믿지 못하게 되었다. 그녀는 모든 사람에게 적개심을 품었다.

시간이 지난 뒤 니나는 샌드라에게 연락을 해보았지만 샌드라는 단호하게 거부했다. 샌드라는 이제 니나가 자기 삶에 끼어들도록 놔두지 않겠다고 결심했다. 그녀는 니나의 해명을 듣기는커녕 아무 얘기도 하고 싶지 않았다. 샌드라가 그런 태도로 있는 한 화해는 불가능했다. 샌드라의 마음속에서 니나는 이미 죽은 사람이나 마찬가지였고, 그 자리에는 깊고 음침한 원한이 남았다.

원한을 품는 사람이 다친다

우리는 다른 사람과 관계에서 갈등이 생길 때 자신에게 문제가 있다고는 거의 생각지 않기 때문에 상대방에게 쉽게 원한을 품곤 한다. 누군가 나에게 잘못했을 때, 또는 사실은 그렇지 않더라도 나 자신이 그렇게 느낄 때, 우리는 반사적으로 마음을 닫고 선을 긋는다. 마치 상소를 허용하지 않는 재판관이나 배심원처럼 변한다.

다른 친구에게 피해당한 상황을 털어놓으면, 그들은 거침없이 공감을 표할 것이다. 우리는 그 사건을 악용한다. 상대방(잘못한 이)에게 마땅히 화를 내야 할 수만 가지 이유가 떠오른다. 우리는 그를 미워하고 따돌리고 비난할 이유를 충분히 갖고 있다. 어쨌든 먼저 잘못한 것은 그 사람이기 때문이다. 또한 우리의 삶에서 그를 제거해버리는 편이 현명해 보인다. 그래야만 그에게 상처받는 일이 다시는 생기지 않을 것이다. 그러나 이런 '보험'은 큰 대가를 요구한다. 원한에 휩싸이는 것은 곧 가장 두려운 일을 자신에게 행하는 것임을 우리는 깨닫지 못한다. 그것이 자기 가슴에 상처를 내는 일인데도 말이다.

모든 원한은 가슴에 굳은살을 만든다. 원한은 우리를 비정하게 만들고, 살아가는 데 꼭 필요한 교류까지도 가로막는다. 새롭고 훌륭한 것이 나타나도 맘껏 누리지 못한다. 원한은 시한폭탄과 같다. 원한을 품으면 우리는 심술궂은 사람, 두려움과 불신감 탓에 행운을 붙잡지 못하는 사람이 되고 만다.

덧붙여, 우리는 '자기 충족적 예언self-fulfilling prophecies'이 삶에 막강한 영향력을 행사한다는 사실을 알아야 한다. 어떤 일에 열중하고, 그것을 기대하고 그려본다는 것은 무슨 의미인가? 그것은 실제로 '그 대상을 끌어당긴다'는 뜻이다. 자신이 어떻게 이용당했고 상처 입었는가 하는 부분에만 생각이 쏠려 있다면, 필연적으로 비슷한 일이 당신의 삶에 또다시 끌려올 것이다. 그리고 이 세상은 서로 이용하고 속이려는 사람들로 가득 찬 듯이 보일 것이다. 별것 아닌 것처럼 보이는 원한이 이런 무서운 결과를 낳는다. 이렇듯 원한은 당신의 시야를 좁히고 최악의 상황을 초래한다.

원한이 사라지지 않는 이유

우리는 여러 방법으로 원한을 지속시킨다.

첫째는, 원한 속에서 사는 것이다. 우리는 원한에 힘과 지위를 제공하고, 원한은 곧 우리의 삶에서 큰 자리를 차지하게 된다. 우리는 그녀(샌드라의 경우에는 니나)와 절교하고 다시는 만나지 않겠다고 결심했지만, 실제로 그녀는 우리의 중심에 자리 잡는다. 우리가 그녀 혹은 그녀의 잘못된 행동에 집착하는 한, 그녀는 매일 우리 눈앞에 생생하게 나타날 것이다.

둘째는, 원한이 별로 위험하지 않다는 잘못된 생각을 하는 것이다. 원한은 절대적으로 위험하다. 그것은 우리 내면에서 끝없이 울려퍼진다.

셋째는, 원한은 정당하며 우리에게는 그럴 만한 권리가 있고 이 권리를 행사하지 않으면 바보라는 생각을 갖는 것이다. 우리는 원한이라는 보호막 없이 이 세상을 어떻게 살아가겠느냐고 반문한다. 그러나 정말 중요한 질문은 "어떻게 원한에 파묻힌 채로 살아갈 수 있는가?"가 되어야 한다.

믿기지 않겠지만, 자신도 모르게 원한을 품고 있는 경우
도 많다. 사람들은 자신의 감정을 인식하지 못한다. 그들
은 어떤 상황이 벌어졌을 때 자신이 보인 반응을 자각하
지 못한다. 예를 들어 대화 중에 한 명이 말을 잘못 알아
들었더라도 그들은 오해를 바로잡아주지 않는다. 겉으로
는 사소해 보이고 단지 소극적으로 묵인했을 뿐이지만,
그들은 무의식적인 방식으로 원한을 드러낸 것이다. 불
행히도 이런 반응은 매우 빨리 지나가버리기 때문에, 당
사자들은 무슨 일이 벌어졌는지 알아채지 못한다. 그들은
단지 약간의 언짢음과 불편함만을 느꼈을지도 모른다. 그
러므로 자신이 잠시 움츠러든 듯 느끼더라도 그런 생각
은 곧 사라진다.

　이렇듯 우리는 관계를 파괴하는 원한의 위험성을 인식
하지 못하기 때문에, 상대방의 조그만 실수도 용납하지
못하는 경우가 종종 생긴다. 더 이상 상대방이 친구로 여
겨지지 않기 때문이다. 웬일인지 그가 지루하거나 귀찮은

사람으로 느껴질 것이다. 심지어 그가 인사를 해도 답하기가 싫어진다. 그러나 우리는 이것 역시 원한의 일종이라는 사실은 깨닫지 못한다.

이처럼 원한은 목에 걸린 가시처럼 당신의 마음과 가슴에 박혀 상대방과 진실한 관계를 맺지 못하도록 사사건건 방해할 것이다.

 원한을 지워내는 법

1. 당신에게 원한을 산 사람들의 이름을 적어보라.
2. 그 사람들이 각각 어떤 행동으로 당신의 원한을 사게 되었는지 적어보라.
3. 그 원한들을 얼마나 오랫동안 간직해왔는지 적어보라. 하루인가, 석 달인가, 20년인가? 우리가 그렇게 오랜 시간 동안 아무 변화 없이 원한을 간직해왔다는 사실은, 우리도 상대방도 전혀 성장

하지 못했음을 의미한다.

4. 목록으로 돌아가서, 당신도 사람들에게 똑같이 행동한 적이 없는지 찾아보라. 지금도 그들의 행동을 용서할 수 없는가?

5. 각각의 원한을 떠나보내기 위해 무엇이 필요한지 자신에게 물어보라. 답을 찾았다면, 이렇게도 물어보라. 그 조건이 충족된다면 그 원한을 기꺼이 떠나보낼 수 있는가? 스스로 장애물을 만들어 이 과정을 가로막고 있지 않은가?

어쩌면 당신은 많은 사람과 많은 상황을 통해 유사한 사건을 반복적으로 겪어왔다는 사실을 발견할지도 모른다. 대부분의 사람들은 오래된 상처를 어제 겪은 일인 양 생생하게 간직하면서도, 그 일을 현재 입장에서 차분히 돌아보지는 않는다. 그때보다 더 많이 배웠고, 하는 일도 다르고, 무엇보다 그때와는 전혀 다른 사람이 되었는데도 말이다.

내가 창피당하지 않으려고
남에게 창피를 준다

레스터는 차분하고 친절하며 남을 잘 돕는 마음씨를 갖고 있었다. 집에서는 건실한 남편, 직장에서는 유능한 사원, 친구들 사이에서는 의리 있는 남자였다. 그렇기 때문에 레스터가 오랜만에 만난 친구와의 저녁식사 자리에서 벌컥 화를 냈을 때 사람들은 모두 깜짝 놀랐다. 그 친구가 무심코 레스터 부부에게 던진 말이 화근이었다.

"네가 무슨 권리로 그따위로 말하는 거야?"

레스터는 목소리를 높였다.

2장 감정도 설계가 되나요?

"네가 왜 그런 말을 했는지 이제 알겠군. 내가 화낸 건 잊어버려. 어차피 이제 우린 만날 일 없을 테니까."

친구는 해명했다.

"레스터, 그냥 농담일 뿐이었어."

그러나 레스터는 흥분한 채로 자리를 떠났다. 이미 수치심은 그의 가슴에 박혔다. 친구의 말이 레스터의 예민한 부분을 건드렸던 것이다. 그들의 관계는 그날로 끝이 났다.

말 한마디로 관계를 완벽히 망치는 법

상대방을 격렬하게 화내게 하고, 교란하고, 낙담하게 하고, 마음을 흔들어놓는 데는 모욕만 한 것이 없다. 말 한마디가 사람을 거의 미치게 할 수도 있다는 것은 대단히 흥미로운 사실이다. 친구와 멀어지고, 거래가 취소되고, 삶의 의미가 퇴색되고, 안락감이 철저하게 파괴된다. 그런 만큼 이 위험천만한 무기를 떠안고 이해하는 일은 인간의 삶에서 매우 중요하게 다뤄져야 한다.

모욕은 왜 그리도 깊은 상처를 남기는 걸까? 그리고 사람들은 상대방 앞에서든 뒤에서든, 남을 험담하는 일에 왜 그리도 많은 시간을 소모하는 걸까? (사실 어떤 신문은 거의 인신 모욕의 종합판이라 해도 좋을 지경이다. 그러나 많은 독자가 그런 신문을 본다. 사람들은 정말로 비방과 모욕과 험담을 즐기는 것처럼 보인다.)

유대교 경전에 '상대방의 얼굴이 붉어질 정도로 공공연하게 창피 주는 것은 거의 그를 죽이는 것이나 다름없다'는 말이 있다. 그 정도로 모욕은 매우 잔인한 행동이 될 수 있다. 한 사람이 모욕을 당하면 존귀함, 자존심, 안락감은 여지없이 파괴된다. 창피를 주는 것은 상대방의 영혼을 맹공격하는 짓이다. 그 공격은 방어하거나 해명할 기회조차 주지 않는다. 모욕하기는 종종 예상치 못한 순간에 벌어짐으로써 상대방의 방어막을 걷어낸다. 모욕당한 이들은 더 이상 다른 사람과의 관계를 신뢰하지 못한다. 그 대신 앙갚음하겠다는 마음이 끓어오른다. 모욕하기는 또한 자연스럽게 상호 비방, 험담 같은 형태로 변하곤 한다.

모욕은 왜 위험한가

모욕은 다른 사람을 평가하거나 판단하는 일의 일종이지만, 여러 사람에게 고의적으로 악담을 퍼뜨린다는 또 다른 특징이 있다. 보통 우리는 다른 사람들을 마음속으로 또는 개인적으로 평가한다. 그러나 어떤 사람을 모욕하기로 마음먹었을 때는, 그 사람의 자존심을 짓밟기 위해 공개된 장소에서 말을 꺼낸다. 그 자리에 있는 사람들은 이제 호의적인 시선을 거두고 삐딱한 눈길로 그를 바라볼 것이다.

앞에서든 뒤에서든, 한 사람을 모욕하는 일은 그의 자존심, 명성, 신뢰를 깎아내린다는 점에서 매우 위협적인 행동이다. 그 때문에 그의 살림살이가 어려워질 수도 있고, 심한 경우엔 인간관계가 완전히 어그러질 수도 있다. 특히 모욕이 사람들 사이에 비방과 험담으로 퍼져나가면 고통과 손해는 걷잡을 수 없이 커진다.

험담과 비방이라는 헛된 노력

어떤 사람에 대해 뒷담화를 하는 것은 그 사람을 심각한 모욕과 위험 속으로 빠뜨리는 행동이다. 그 사람의 부정적인 면을 상세히 얘기하며 말을 주고받는 동안, 이야기를 하는 사람과 듣는 사람 모두 즐거움을 느낀다. 따라서 험담은 극단적으로 왜곡되어 반복되고 퍼져나감으로써, 결국 한 사람을 파멸로 몰아넣을 만한 비방으로 발전하게 된다.

우리는 왜 이런 행동을 즐기는 것일까? 만약 한 무리의 사람들에게 한 주 동안 아무 험담도 듣거나 하지 못하게 한다면 그들은 무척 당황할 것이다. 그들은 아마 이렇게 말할지도 모른다.

"그러면 할 말이 아무것도 없는걸요."

"뒷담화를 듣지 말라는 것은 어떤 모임에도 참석하지 말라는 소리와 똑같네요."

그러나 모든 사회적인 교류가 꼭 그렇게 뒷담화와 얽혀 있어야만 하는 걸까? 과연 우리는 험담을 주고받는 자신의 모습을 자각하고 있는 걸까? 그런 행동으로 대체 무슨 이득을 얻으려는 걸까?

많은 경우에, 어떤 사람에 대해 부정적인 이야기를 들으면 안도감이 생긴다. 다시 말하면 자신에 대한 평가가 높아진다. 이렇듯 다른 사람과의 비교를 통해 얻은 헛된 자신감을 '에고ego' 또는 '우월감'이라 부른다. 에고를 강화시키는 행위는 독극물을 들이켜는 것과 다르지 않다.

그릇된 자존심

남에게 창피 주는 일을 즐기면서도 자신이 모욕당할 때는 극도로 흥분하게 되는 것은 그릇된 자존심 때문이다. 그릇된 자존심은 현실에 뿌리내리지 못한 불안정한 감정이다. 에고는 사면이 거울로 된 방에서 살고 있으며, 다른 사람과의 비교를 통해 사회적 지지와 호의적인 평가를 받고 싶어하기 때문에 상대방에게 까다로운 기준을 들이댄다. 그러나 사회적 환경과 흐름은 항상 변하기 때문에, 에고는 한시도 마음을 놓을 수 없다. 에고는 결코 만족을 느끼지 못하며, 그래서 우리는 끝없이 가장자리에만 머물게 된다.

에고를 건드리는 말이 귀에 들리는 순간, 우리는 에고의 우위를 지켜내기 위해 분노와 상처와 고통으로 폭발한다. 그러나 우리의 진정한 자아는 다른 사람의 말에 손상되지 않는다. 칭찬과 비난에 아무런 영향을 받지 않는다. 어떤 경우에도 진정한 자아는 타고난 신성과 가치와 사랑 안에서 자신의 참모습을 잃지 않는다.

두말할 필요도 없이, 에고는 많은 사람의 삶을 지배하고 있다. 에고가 창피당하지 않기 위해 만들어낸 방법이 바로 다른 사람에게 창피 주는 행동이다. 이것이 비방과 험담의 진짜 원인이다. 비방과 험담은 에고를 지키려는 헛된 노력이다. 우리는 이런 수법에 개입하는 것이 상대방뿐만 아니라 자신도 상처 입는 일이라는 사실을 모르고 부정적인 사고방식과 갈등 상태를 지속한다. 배배 꼬인 생각으로 마음과 가슴을 채운다. 그러나 뒤틀린 마음은 자신에게 전혀 도움이 되지 않는다. 뒤틀린 생각과 입을 가진 사람이 무슨 수로 행복과 건강을 얻을 수 있겠는가?

그러나 우리의 진정한 자아는 본래 강하기 때문에 분노의 그릇된 힘을 빌릴 필요가 조금도 없다. 오히려 화가 줄어들수록 타고난 기쁨, 생기, 건강, 창조력은 더욱 충만하게 드러난다.

험담은 하지도 말고 듣지도 마라

우리는 종종 할 말이 없을 때 뒷담화를 시작한다. 사려 깊고, 의미 있고, 흥미로운 주제를 찾는 것이 아니라, 다른 사람에 대한 이야기에만 열중한다. 당신은 무엇 때문에 다른 사람과 이야기를 나누는가? 시간을 보내기 위해서인가? 외로움을 잊기 위해서인가? 멋지게 보이려고, 또는 인간관계를 유지하기 위해서인가? 말에는 언제나 책임이 따른다.

반대로, 자신이 뒷담화를 무심코 듣고 있다는 사실

을 깨닫게 되면 앞으로 어떤 말과 행동을 할 것인지 재빨리 결정하라. 무방비 상태로 분위기에 휩쓸리지 마라. "그 사람에 대해서는 말하고 싶지 않아요"라고 정중하게 말하거나 자연스럽게 긍정적인 화제를 꺼내놓으라.

누군가 당신에게 창피를 주더라도 결코 대응하지 말라. 아무 대응도 하지 말고 단지 내면의 느낌만을 관찰하라. 지금 반응하고 있는 것은 바로 에고, 즉 그릇된 자존심이다. 그것에 휘말리지 마라. 당신이 고통받거나 흥분하는 등의 반응을 보이지 않는다면, 진실로 그 모욕은 실패한 것이다. 여기에 인도의 철학자 샨티데바가 남긴 아름다운 말이 있다.

> 깊이 신뢰하고 마음을 의지했던 사람에게서
>
> 배반과 모욕을 당하게 되더라도
>
> 그를 훌륭하고 신성한 벗으로 대할 수 있게 하소서.

당신이 모욕을 가르침이나 선물로 받아들인다면,

어떻게 그것으로부터 상처받을 수 있겠는가? 이미 그것은 모욕이 아닌데 말이다.

일상에서, 당신이 모욕을 받으면 대답하지 마라. 아무 말도 하지 마라. 크게 숨을 쉬고 잠시 가만히 있어라. 되갚아주면 큰 해를 입는 것은 당신이고, 상황은 더 어려워지고, 의도하지 않은 말이 튀어나간다. 모욕을 듣고 반응하는 것은 자존감이 뒤틀어진 에고다. 에고에 휘말리지 마라.

모욕에 반응하지 않으면 모욕은 사라진다. 모욕을 듣고도 화나 복수의 감정을 느끼지 않으면 누가 이득을 본 것인가?

03
남을 탓하면
자신은 무기력해진다

우리는 모든 일의 원인을 다른 사람에게 뒤집어씌우기 좋아한다. 실망, 갈등, 손해 등 온갖 부정적인 경험을 할 때마다 책임을 돌릴 만한 사람부터 찾는다. 마치 우리에겐 격한 감정을 표출하고 비난해도 좋을 만한 대상이 필요한 것처럼 보인다.

톰은 작은 사무실의 주임이었다. 그는 판매량 감소, 직원 간의 불화, 고객의 불만이 생길 때마다 비난을 쏟아내곤 했다. 그런 행동은 평소에 해고하고 싶었던 직원에게 자신의 책임을 전가하는 일로부터 비롯되었다.

"새로운 인재가 들어오면, 더 좋은 성과를 낼 수 있습니다."

그러나 상사는 톰의 건의를 받아들이지 않았다. 그러자 톰은 사무실 안에서 문제의 원인을 찾아내고야 말겠다고 마음먹었다. 톰은 매주 회의를 소집하고 모든 사람을 질타했다. 나중에 그는 이렇게 말했다.

"그들을 격려하려고 한 말이었어요."

사람들이 하나둘 떠날 때까지도 톰은 자신의 행동을 되돌아보지 못했다. 마침내 매출이 하강곡선을 그리자, 톰은 노골적으로 불황을 탓했다. 그는 상사에게 말했다.

"지금은 도저히 나아질 수 없는 상황입니다. 어딜 가나 마찬가지일 거예요. 모든 산업이 흔들리고 있다고요. 지금은 불황이니까요."

이미 충분한 기회를 주었다고 생각한 상사는 그 자리에서 톰을 해고했다.

톰은 직업상담사를 만난 자리에서 자기 잘못을 털어놓

으며 뉘우쳤다.

"저는 살아남기 위해 남을 탓했어요. 모든 곳에서 문제를 찾아냈어요. 어떤 상황에서도 좋은 면을 찾으려고 하지 않았죠."

톰은 주변에서 벌어지는 일에 자신이 무슨 역할을 해야하는지 인식하지 못하는 듯했다. 그는 자신이 그 상황에 어떻게 관여하고 있는지 알지 못한 채, 밖에서 벌어지는 일에만 신경을 썼다.

이와 유사한 사례가 일상 곳곳에서 발견된다. 사람들은 인간관계에서는 상대방을 탓하고, 건강이 나빠지면 의사를 탓하고, 사업이 잘못되면 운명과 팔자를 탓하지 않는가.

정말 남이 문제인가?

많은 사람이, 문제가 생겼을 때 톰과 같은 태도를 보인다. 그 문제가 사업, 건강, 가정, 인간관계 등 어떤 영역에 속해 있든 마찬가지다. 우리는 문제가 생기는 즉시, 자신이 아닌 바깥에서 그 원인을 찾는다.

"다른 상사/다른 직업/꼼꼼한 동료/많은 저축/멋진 이성 친구/매력적인 몸매가 있었으면 모든 게 달라졌을 텐데. 그러면 지금 정말 행복할 텐데."

우리는 이런 말을 어디서나 들을 수 있다.

그러나 충격적인 것은, 이것이 완전히 틀린 생각이라는 사실이다. 상황이 어떻게 변하더라도, 나 자신이 그대로라면 아무것도 달라지지 않는다.

어딜 가든, 누굴 만나든, 당신은 자신을 벗어날 수 없다. 외부의 변화는 일시적인 교체나 변경에 불과하다. 인생에서 반복적으로 일어나는 주요한 사건은 당신의 무의식적인 사고, 신념, 행동, 성향이 바깥세상에 스스로 모습을 드러낸 것에 불과하다. 삶의 무대가 바뀌더라도 이런 기본적인 패턴은 그대로 지속된다.

충분한 시간을 들여 이 진리를 흡수하라. 이것은 매우 중요하다. 진심으로 이 진리를 이해하고 인정하게 되면 곧 엄청난 변화가 일어날 것이다. 실패와 불행을 외부의 사건이나 사람의 탓으로 돌리는 태도야말로 모든 고통, 화, 좌절의 원인이라는 점을 대부분의 사람이 깨닫지 못하고 있다.

남을 탓하는 성격은 또 다른 위험요소를 안고 있다. 우리는 다른 사람을 비난할 때 순간적으로 '우리가 옳고 그들은 틀렸다'는 느낌을 갖게 된다. 즉, 자기를 합리화하려는 성향이 커진다. 우리는 자신의 마음속에서 완전하고, 특별하고, 우월한 존재가 된다. 아무도 우리를 건드리지 못한다. 우리는 강자이고, 다른 사람은 약자이기 때문이다.

그러나 진실은 정반대다. 남을 탓하는 사람들은 점점 약하고 무력해진다. 그들은 진정한 현실을 바라볼 수 있는 능력을 잃고 무방비 상태로 대처할 수밖에 없다. 그들은 직업과 친구를 잃고 전전긍긍하면서 대체 왜 이런 일이 벌어지는지 모르겠다고 토로하게 될 것이다. 고치에 싸여 진짜 현실과 접촉하지 못하고 그 상황에서의 자기 역할을 깨닫지 못하면 이런 결과가 벌어진다. 남을 탓하는 행동은 주체적으로 삶을 꾸리는 능력을 감소시킨다. 그것은 강함이 아니라 나약함으로 이끄는 지름길이다.

잘된 것도 못된 것도 자기 책임이다

상황을 분명하게 인식하지 못하면 적절하게 대처하거나 잘못된 점을 개선할 수 없다. 어떤 사람들은 실패와 비난을 너무 두려워한 나머지, 주변 상황을 명확히 알아차리는 일을 아예 포기해버린다. 그리고 그런 부정적인 패턴은 그들의 삶에서 지속된다. 이처럼 자존심과 에고는 사람의 눈을 멀게 할 수도 있다.

또 문제에 끼어드는 일은 곧 실패를 뜻한다고 여기는 사람들도 있다. 그러나 앞서 설명했듯이 진실은 정반대다. 모든 사람이 관여하고 있는 상황에서, 뭔가 잘못되어가는 부분을 책임감을 갖고 직면하려는 태도는 오히려 힘을 불러모은다. 그리고 '비난'과 '자각'의 차이점, '처벌'과 '정상적인 개선'의 차이점을 잘 알수록 용기는 더

욱 솟구친다.

 남 탓하는 일을 멈추고 맡은 바 책임을 다할 때마다, 삶 곳곳에서 엄청난 변화가 일어날 것이다.

 남 탓하기를 멈추라

당신의 내적인 능력과 자존감은 여러 조각으로 쪼개져 비난받은 사람들의 손에 쥐어져 있다. 그것을 돌려받으라. 남을 비난했던 상황으로 되돌아가 자신의 역할이 무엇이었는지 철저히 살펴보라. 다르게 대처할 만한 여지는 정말 없었는가? 자신을 비난하라는 말이 아니다. 단지 그 일을 철저하게 파헤쳐보라는 뜻이다.

자신의 삶에서 벌어진 일에 대해 책임감을 갖는 것은 누구나 할 수 있는 가장 강력한 권리 주장이다. 책임감을 회복한 사람들은 이렇게 말할 수 있다.

"나는 그때 그 결과에 걸맞은 역할을 담당하고 있었고, 또한 지금은 삶에서 또 다른 역할을 맡고 있다."

책임감^{responsibility}은 대처 능력^{response-ability}으로 읽을 수도 있다는 사실을 기억하라. 대처 능력은 무조건적인 반응과는 다르다.

당신의 비난 때문에 상대방은 어떤 곤란함을 겪었겠는가? 화를 떠나보내는 것은 곧 연민을 키우는 일이다. 자신과 마찬가지로 타인에게도, 실수란 자연스럽고 필연적인 삶의 한 요소라는 사실을 받아들여라. 실수 그 자체에는 자신이나 다른 사람에게 끔찍한 잘못이 있다는 의미가 조금도 들어 있지 않다.

04

우울증은 무너진 마음을
회복하라는 신호다

오늘날 우울증은 가장 심각한 질환의 하나로 손꼽힌다. 미국에서는 엄청난 수의 사람들이 우울증 치료를 받고 있다. 우울증이란 우울한 정서를 지속하게 하는 정신병적 무력함에 지배당하는 상태를 통칭하는 단어다. 우울증은 선천적인 호르몬 이상을 포함한 많은 원인에서 유발될 수 있으며 매우 다양한 증상으로 나타난다.

그러나 우울증이 드러나는 방식을 전부 알아야 할 필요는 없다. 만약 특정한 조건 탓에 발생한 무력감이 식사와

수면을 어렵게 하고 사고·불안 장애까지 일으키고 있다면 반드시 전문가의 진단과 처방이 필요하다. 그러나 오늘 우리는 심리학 관점에서 우울증을 살펴볼 것이다. 우리는 정신역동적 접근법을 통해 우울증을 이해하고, 극단적이지 않은 우울증에 대처하는 법도 배워볼 것이다.

우울증이란 도대체 무엇일까

심리학에서는 자신을 향한 화나 분노를 우울증으로 정의한다(물론 이 정의가 적합하지 않은 경우도 분명히 있다). 더 자세히 말하면 좌절, 적개심, 알아차리지 못한 분노로 가득 찬 사람이 그 마음을 표현할 만한 별다른 방법을 찾아내지 못한 상태를 뜻한다. 이때 분노는 내면을 향하게 되며 무기력함, 절망감, 무관심, 실망감을 만들어낸다.

　의기소침한 사람은 인생에서 열정과 즐거움을 느끼지 못한다. 그는 바깥세상에 자신의 마음을 투사하기 때문에 최악의 결과를 기대하거나 보게 되며, 심지어 자신과 별로 관련 없는 일에서도 실망과 패배의 감정을 갖게 된다. 또는 냉소적인 사고방식이 단단하게 뿌리내릴 수도 있다. 이런 부정적인 가치관은 '예기불안'으로까지 발전할 가능성이 있다. 엄청난 두려움과 불안감은 곧 극단적인 재앙이 생길 거라는 상상을 불러일으킬 수 있기 때문이다.

현실과 걱정 사이에서 찾아낸 균형점

솔직하고 명쾌한 '현실 자각'과, 예기불안으로 발전할 수도 있는 '근심 걱정' 사이에 미묘한 균형이 필요하다는 것은 두말할 필요가 없는 사실이다. 더구나 우리는 실질적인 테러의 위협 속에서 살고 있기에, 이런 균형점에 대한 탐구는 더욱 중요하다고 볼 수 있다. 여기저기에서 터져나오는 사고 소식에 노출된 많은 사람이 이미 우울과 불안 증세를 겪고 있다.

과도한 두려움과 우울함에 대응하는 것과, 어떤 상황에 담긴 적절한 의미를 파악해내는 것은 별개다. 필요한 행동을 찾아서 실천하는 것은 건강한 대처법이라고 할 수 있다. 반면 우리의 상상력이 조작해낼 수 있는, 그러나 실현 가능성은 적은 그런 근심 속에 함몰되는 것은 건강하지 않은 상태다. 우울증을 겪는 사람은 자신의 기분을 외부 사건에 투사하는 오류에 빠지기 쉽다. 그럴수록 예기불안은 점점 더 그럴듯하게 느껴진다.

눈앞에 마주한 상황에 최선의 방법으로 대응하기 위해서는 현실을 명확하게 보고 지금 이 순간에 살아야 한다. 그럼으로써 우리는 안전한 장소와 현명한 대처법을 즉시 찾아내도록 도와주는 '균형감각'을 얻을 수 있다. 그리고 적절한 시기에 적절한 행동을 할 수 있게 된다.

우울증은 심신증을 일으킨다

우울증은 온갖 종류의 통증, 결림, 장애, 만성질환 등을 유발할 수도 있다. 삶 속에서 적절히 표현되거나 처리되지 못한 슬픔은 방향을 바꾸어 다양한 신체 질환으로 모습을 드러낸다. 그렇다고 그 질환을 겪는 사람을 비난하거나, 그 고통이 가짜라고 주장하려는 것은 아니다. 다만 정신 신체 질환의 독특한 원인과 연료가 주로 우울증에서 발견된다는 사실을 알려주려는 것뿐이다.

'절망적이다, 방치되고 있다, 억압받고 있다, 무시당한다, 오해받고 있다, 세상에는 나 혼자뿐이다……'.

이런 감정들은 신체 질환으로 쉽게 바뀐다. 다시 말해, 그런 질환들은 관심과 도움과 사랑을 청하는 외침이다. 어떤 경우에는 '독립하고 싶다, 관심받고 싶다, 사랑과 보살핌을 받고 싶다' 등의 속마음을 표현할 수 있는 방법이 질환밖에 없을 수도 있기 때문이다. 아니면 다른 사람을 통제하고 조종하거나, 자신의 욕구를 관철시키는 손쉬운 방법으로 질환을 만들어내고 있는지도 모른다. 또는 받아들일 수 없는 요구에 대해 '안 돼'라고 말하기 위한 마지막 수단으로 질환을 택한 것인지도 모른다.

이처럼 우울증과 분노는 종종 제 모습을 숨기고 변장하여 각종 질환과 통증으로 나타나곤 한다.

대부분의 우울증은 자신을 지독히 나쁘게 생각하기 때문에 생긴다. 우리는 모든 면에서 자신을 탓한다. 자신을 실패자, 바보, 얼간이로 규정하고 자신의 판단을 신뢰하지 않는다. 또 실패하는 것이 마땅하다고 생각하고는 스스로 일이 꼬이도록 만든다. 이것은 자신을 무능력하게 만들고 우울증과 절망감을 초대하는 행동이다. 반면, 포용력은 안정감과 용기가 겉으로 표현된 것이다. 포용력은 자기 비하를 멈추고 치유와 성장을 시작하게 한다. 또한 내면에 잠자고 있는 많은 자원을 이끌어내고 성장에 힘을 실어준다.

당신의 삶 속에서, 자신감을 갖고 닥쳐오는 일에 잘 대처했던 시기를 찾아보라. 그때의 상황을 간략히 적어보라. 그때 당신은 어떤 사람이었는지 묘사해보라. 어떤 내적 자원이 그때 당신을 그처럼 유능하게 만들어주었는지 생각해보라.

타고난 내적 자원은 결코 사라지지 않는다는 사실을 인식하라. 눈에 보이지 않더라도, 언제든지 다시 불러낼 수 있다. 그 자원들은 당신의 삶 전체를 위해 준비된 것이다. 오늘 그중 하나를 불러내고 오늘 하루를 함께하라. 그것이 만들어낸 새로운 행동과 결정에 따르라. 그것에 집중하라. 그 자원을 의식적으로 활용하라.

큰 목표를 추구하는 사람은 우울함을 느끼지 못한다. 큰 목표에 집중된 생각과 행동은 활기와 에너지를 공급한다. 또한 그것은 편안한 기분도 만들어낸다. 당신의 삶에서 큰 목표를 찾아보라. 당신은 지금까지 무엇을 목표로 삼아왔는가? 지금은 무엇을 목표로 삼을 것인가? 자신에게 의미가 있는 목표를 향해 발걸음을 조금 옮겨보라. 그것이 바로 우울증을 물리치고 밝은 빛으로 나아가는 길이다.

피해의식으로는
앞으로 나아갈 수 없다

오늘날 많은 사람이 애써 자신을 피해자로 만들고 있는 것은 매우 불행한 현상이다.

우리 사회에는, 피해를 당했다는 생각을 남발하게 하고, '피해자'라는 꼬리표를 마치 자랑거리처럼 생각하게 하는 수많은 단체가 활동하고 있다. 그 단체들은 정의를 내세운다. 그들은 잘못된 부분에 화를 내고, 보상을 요구하고, 정의를 바로잡을 권리와 의무가 바로 당신에게 있다고 주장한다.

사실 이는 수많은 사회적 규칙과 법 조항과도 관련이 있는 복잡한 문제다. 그러므로 여기서는 단지 화를 제거해 가는 과정에만 초점을 맞추고 있다는 점을 미리 밝혀둔다. 우리는 피해자 의식과 분노의 관계, 그리고 그 부정적인 영향을 살펴볼 것이다.

피해자는 누구인가?

자신을 피해자로 여기면 필연적으로 그에 걸맞은 정체성을 갖게 된다. 어떤 사람들은 피해자가 됨으로써 특별한 힘을 얻는다. 그들은 계속 화를 내거나 복수를 해도 된다는 특권을 얻은 것처럼 느낀다. 물론 상처 입은 사람이 자신의 나약함을 깨닫고 힘을 키우려고 노력하는 것은 당연하다. 그러나 스스로 힘을 키워 강해질 수 있는 최선의 방법은 무엇일까? 부당하게 피해를 당했다는 생각을 항상 염두에 두고 생활하는 것이 과연 효과적으로 권리를 회복하는 방법일까? '피해자'라는 단어에는 눈앞에서 일어나는 일을 제어할 힘이 없는 사람이라는 뜻이 담겨 있다. 당신은 이런 모습으로 살기를 원하는가? 피해자 의식은 인생의 모든 사건에서 권한과 책임을 지속적으로 박탈할 뿐이다.

피해자를 옹호하는 많은 사람은 '균형 잡힌' 사회를 원한다. 그러나 우리는 그토록 위대한 '그들의' 정의를 위해 얼마나 더 많은 대가를 치러야 하는가? 어떤 사람들은 자신의 주장이 옳았다는 사실이 증명될 때까지 오랜 세월 절망감과 분노를 안고 살아간다. 또는 다른 사람에게 분노를 퍼붓기 위해 '피해자 의식'을 이용한다. 그들은 한 번 심각한 피해를 당한 일이 있으므로 다른 사람들을 맘껏 증오하거나 골탕 먹여도 괜찮다는 생각을 갖고 있는 것 같다. 또한 그들은 우울해지거나, 비열해지거나, 삶을 방관해도 괜찮다고 여긴다(물론 피해자들이 이런 생각을 드러내 놓고 주장하지는 않는다).

그러면 피해자 의식은 개인에게 어떤 영향을 미칠까? 그것은 사람을 앞으로 나아가지 못하게 한다. 그들은 계속 고통스러운 상황에 붙잡히고, 그들의 마음은 고통과 분노로 채워진다. 그들은 모든 집단과 사람들을 비뚤어진 눈으로 (가해자는 거기 어딘가에 있을 것이므로) 바라본다. 그들은 온갖 형태의 악의를 합리화한다. 그들의 인생은 수많은 문으로 닫힌다. 그렇게 그들은 진짜 피해자가 되어간다.

피해자에게 뒤집어씌우기

반면, 피해자에게 일어난 일에 대해서 아무런 책임도 떠안고 싶어하지 않는 사람들도 많다. 이런 경우에는 피해자에게 모든 책임을 뒤집어씌우는 일이 벌어진다.

사고는 무작위로 발생하기도 하고 어떤 사람에게는 더 많이 일어나기도 한다. 자신의 삶에 그런 사건들을 끌어들이는 사람들이 분명히 있다! 그런 사람(사실)을 '지적'하는 것은 '비난'과는 다르다. 오히려 그 사람의 (의도적이었든 우연이었든) 영향력을 밝힘으로써, 그 사람을 높여주는 일이다. 상처 입은 사람에게 그 일에 대한 지배력을 되돌려주기 때문이다. 우리는 그들을 비난하는 대신 이렇게 묻는다. 그 일에 올바로 대처하는 또 다른 방법은 없을까? 우리는 그 일에서 무엇을 배워야 할까?

'나는 피해자'라는 생각에 갇혀 있으면 어떤 해결책도 찾아낼 수 없다. 그것은 도리어 자신의 힘을 빼놓는다. '피해자'라는 말에는 트라우마를 지우고 본래의 삶을 되찾을 방도가 없다는 뜻이 내포되어 있다.

트라우마 지우기

트라우마란 개인의 삶에 장기간 영향을 미치는 정신적 상처를 말하는데, 주로 과거에 겪은 충격적 경험에서 비롯된다. 트라우마는 지울 수 있다. 우리는 굳이 상처 입은 경험을 짊어지고 살 필요가 없다. 그러나 자신이 상처를 이용해 은근히 어떤 이득을 취하고 있다면 진정으로 트라우마를 치유해야겠다는 마음은 생기지 않을 것이다.

너무나 명백하게도, 우리에게 고통을 주었던 그 사건은

이미 끝났다. 그러나 그것은 아직 영향을 미치고 있다. 무엇이 그 영향력이 남아 있게 하는가? 무엇이 고통과 트라우마를 지속시키는가? 이것은 매우 중요한 문제다. 외상후post-traumatic 단계에 있는 사람은 그 끔찍한 체험을 수십년이나 다시 겪을 수도 있기 때문이다. 그들은 오랜 시간이 흐른 뒤에야 스스로 그 기억을 마음속에서 재창조해왔다는 사실을 깨닫는다.

어떤 사람들은 시련을 겪으면서도 더욱 깨어나고 온전해지고 성장한다. 그런 사람들은 분노와 복수심의 노예가 되지 않는다. 대신 삶의 다른 측면에 관심을 기울인다. 그들은 자신에게 강한 확신을 갖고 있다. 따라서 자신의 가치를 의심하게 될 만큼 깊은 상처를 입지 않는다. 그들은 사는 동안 다양한 충격을 받을 수도 있는 현실을 인정하며, 그런 사건을 자신만의 문제로 해석하지 않는다. 즉, 그 일은 그들에게 특정한 결함이 있어서 벌어진 것이 아니다.

분노와 원한이 우리의 몸과 마음에 얼마나 독이 되는지 이해하고 나면, 끈질긴 피해의식에 시달리게 하는 자

기 기만적 자아상을 버리는 일이 얼마나 중요한지 깨닫

게 된다.

06

죄책감은
마음의 성장을 가로막는다

순교자 형의 사람들은 자신이 순교자라고 생각하지 않는다. 그들은 자신을 박해받고, 인고의 세월을 보내고, 이용당하고, 업신여겨지고, 발언권을 잃은 사람으로 묘사할 것이다. 그들은 좀처럼 부족한 부분을 회복시키지 않는다. 명성을 얻거나, 고맙다는 인사를 받거나, 인정받으려 하지도 않는다. 그들은 상대방이 어떻게 반응하든 그저 양보만 한다. 그러나 자신의 고통과 슬픔을 공공연히 드러냄으로써, 상대방을 무심하고 둔감하고 이기적인 사람으로

2장 감정도 설계가 되나요?

만든다. 순교자는 동등한 인간관계에는 관심이 없다. 그들의 정체성은 '이용당하고 상처 입은' 상태에 단단히 묶여 있다. 그들은 종종 성자인 것처럼 말하기도 한다.

애나는 랠프와 4년간 사귀고 있다. 그녀는 집세를 거의 혼자 부담했고, 요리와 청소와 온갖 집안일을 도맡았다. 또 그녀는 랠프에게 거의 아무것도 요구하지 않았고, 랠프도 애나의 부탁을 들어주는 법이 없었다. 그럼에도 애나는 꿋꿋이, 모든 희생을 감수하는 일을 멈추지 않았다.

애나는 이렇게 말한다.

"어느 날이었어요. 랠프는 내가 얼마나 자기를 사랑하는지, 얼마나 희생했는지, 또 자신이 얼마나 나에게 상처를 주었는지 깨달았죠."

랠프가 자신의 못된 행동을 깨닫게 되기까지는 오랜 시간이 걸리지 않았다. 랠프는 이렇게 말한다.

"애나를 좀 보세요. 나는 아무리 해도 그녀를 행복하게 해줄 수 없어요. 그녀에게 고통만 줄 뿐이에요. 나는 시시한 망나니일 뿐인데도 그녀는 나에게 너무나 잘해줍니다.

나는 의무감을 느껴요. 절대로 그녀를 떠날 수 없어요."

순교자 노릇 하기

순수하게 베푸는 행동과 상대방을 조종하는 행동은 완전히 다르다. 베풂으로 위장한 조종은 뭔가를 돌려받기 위해, 또는 유리한 위치를 선점하기 위해 희생한다. 그것은 진정한 베풂이 아니라 상대방이 스스로 나쁘게 평가하도록 유도하는 함정이다. 그것은 보상을 요구하는 희생이다. 그런 희생에는 늘 가격표가 붙어 있다.

순교자의 경우처럼 서로 동등하지 않은 관계, 즉 주는 쪽이 계속 힘들어지고 고갈될 것이 뻔한 상황에서의 베풂은 순수한 행동이 아니다. 그런 억지 행동은 오직 상대방을 통제하기 위한 것이다.

어떤 순교자들은 자신이 존중받을 만한 인물이 아니라고 느낀다. 그들은 아무것도 받지 않고 오로지 주기만 하는 것이 관계를 지속하는 유일한 방법이라고 생각한다.

또 다른 순교자는 자신이 뭇사람들보다 존귀하며, 상대방은 자신보다 훨씬 낮은 위치에 있다는 우월감을 즐긴다.

이런 순교자와 관계를 맺은 사람은 머지않아 크게 빚졌다는 느낌을 갖게 될 것이다. 그러나 그 빚을 갚고 속박에서 벗어날 방법은 쉽게 발견되지 않는다.

죄책감은 치명적인 독이다

조금 극단적인 표현이지만, 죄책감은 치명적인 독이다. 죄책감에 시달리는 사람들은 괴로움을 덜기 위해 자신을 처벌할 방법을 찾는다. 따라서 상대방의 죄책감을 유발하는 행동은 그를 직접적으로 공격하는 행동과 다르지 않다. 의심할 여지 없이, 그것은 상대방을 향한 명백한 공격 행위다.

순교자와 인간관계를 맺은 사람들에게 생기는 가장 중요한 결과 중 하나는 죄책감이다. 순교자는 상대방에게 죄책감을 심어주는 데서 힘을 얻는다. 그들은 다른 사람들이 자신을 탓하고 죄의식으로 괴로워하는 모습을 보며 즐거워한다. 그들은 은연중에 이렇게 주장한다.

"내가 얼마나 훌륭한 사람인지 보라. 그리고 네가 얼마나 나를 비참하게 대했는지 알라. 그러나 나는 너보다 훨씬 나은 사람이기 때문에 꿋꿋이 서서 이 박해를 받아들일 것이다."

특히 아이들이 순교자와 마주했을 때 겪게 되는 혼란은 엄청나다. 아이들은 자신을 낮게 평가하게 된다. 그들은 순교자에게 어떤 분노와 불만도 표현할 수 없다. 그것은 더욱 순교자를 힘들게 하고 상처 입히는 행동이 될 것이기 때문이다. 이렇듯 표현되지 못하고 되돌려진 분노는 결국 자신을 처벌하는 방식으로 나타난다. 이것은 균형이 완전히 깨진 관계다. 이 관계에서는 진정한 주고받음을 찾아볼 수 없다.

죄책감과 뉘우침의 차이

정신건강을 위해서는 죄책감과 뉘우침의 차이를 반드시 알아야 한다.

우리는 모두 때때로 실수를 하고, 의도적인 행동이든 부주의한 행동이든 남에게 피해를 준다. 그런 일이 벌어지고 나면, 우리는 반드시 잘못을 깨달아야 한다. 마음이 어두워지고 양심의 가책을 느끼는 것은 자연스러운 일이다. 상대방 입장에 공감하고, 뉘우치는 마음을 갖는 것은 스스로 성장하고 연민을 성숙시키는 계기가 된다.

그러나 뉘우침은 죄책감과는 다르다. 뉘우침은 현실을 인식하고 잘못된 행동을 바로잡고 다시 전진하게 한다. 사람이 여러 해 동안이나 뉘우치는 경우는 없다. 또한 뉘우침 속에서 하염없이 헤매지도 않는다. 상황을 바로잡고 회복시키는 노력을 회피하기 위해, 또는 사과하지 않기 위해 뉘우침을 악용하는 경우도 없다.

그러나 죄책감은 다르다. 죄책감에 사로잡힌 사람은 그 안에서 세월을 보낸다. 그들은 죄의식에 시달리며 자신을 처벌하는 것이 잘못을 바로잡고 죗값을 치르는 행동이라고 여긴다. 그것은 잘못된 생각이다. 당신이 죄의식 속에서 수년간 신음한다 해도 아무것도 달라지지 않는다.

　죄책감은 자신이 악하고, 무능하고, 하찮은 존재라는 생각을 강화한다. 그리고 실수를 통해 성장할 권리를 빼앗고, 새롭고 건전하고 교정된 행동을 실천하지 못하도록 사람을 불구로 만든다. 실수는 큰 문제가 되지 않는다. 진짜 문제는 그 일을 통해 무엇을 배울 것인가, 어떻게 성장할 것인가, 어떻게 더 나은 행동으로 이 세상에 이바지할 수 있을 것인가 하는 점이다. 죄책감은 이런 질문들을 가로막는다. 반면, 뉘우침은 성장의 첫걸음이다.

죄책감을 일으키지도 말고, 거기에 빠지지도 말라

순교자 본인과 그 주변의 사람들은 저마다 고통을 짊어지고 있다. 순교자가 참아내는 만큼, 상대방도 자신이 남을 괴롭히는 쓸모없는 존재라는 생각으로 신음한다. 이런 관계는 곧 그들의 내면에 단단히 자리 잡는다. 순교자는 오랫동안 고통스러운 상황을 견뎌왔다는 생각으로 뿌듯함을 느낄 것이다. 그런 뿌듯함은 계속 고통을 감수하도록 격려하고 힘을 실어준다.

말하자면, 순교자는 비정상적인 쾌락에 취한다. 그러나 상대방은 자신이 남에게 피해만 주는 사람이라는 생각에 빠진다. 어떤 방법으로도 순교자를 만족시킬 수가 없기 때문이다.

당신의 행복에는 아무도 책임도 없다는 사실을 인식하라. 당신의 삶을 다른 사람의 손에 맡기지 말라. 당신은 주위 사람들에게 당신 자신의 상처, 고통, 손해, 슬픔을 어떻게 표현하는가? 그런 행동을 즉시 중단하라.

그 대신 진정한 주고받음을 경험해보라. 진정한 베풂은 아무 대가도 바라지 않고 순수하게 주는 행동만으로 기쁨을 느끼는 것이다. 바로 오늘, 남에게 베

풀어보라. 그 순수한 기쁨을 느끼기 위해 흔쾌히 내줄 수 있는 대상을 찾아보라.

반대로 충만한 상태에서 부담 없이 호의를 받아들이는 것도 상대방에게는 선물이 될 수 있다. 진정한 받음은 상대방의 선물을 온전히 받아들이고, 즐기고, 활용하고, 고마움을 표현하는 것이다. 그것만으로 충분하다. 당신은 선물을 준 사람에게 아무것도 빚지지 않는다. 즉, 진정한 받음은 진정한 베풂과 동의어다.

07

복수심으로 정말
파괴되는 사람은 누구일까

만만치 않은 주제처럼 보이겠지만, 잠시 시간을 내어 우리 삶이 복수심에 얼마나 많은 영향을 받고 있는지 생각해보자. 상처받고 배신당하고 모욕과 무례함의 표적이 되면, 우리는 받은 만큼 되돌려줌으로써 손익을 맞추고 정의를 바로 세우려는 즉각적인 반응을 보인다. 우리는 부당하게 피해를 입었다는 사실을 증명하고자 애쓰며, 상대방을 내치고 고통에 빠뜨린다. '우리는 옳고 그들은 그르다. 그러니 우리는 복수할 권리가 있다'라는 논리를 내세우는 것이다.

복수를 하는 방법은 매우 다양한데, 그중에서도 가장 극단적인 방법은 직접 가해자를 찾아가 대놓고 비난을 퍼붓는 일이다. 고소를 하거나, 항의 편지를 보내거나, 기타 용인된 방법으로 복수를 할 수도 있다. 반면 곧장 반격하지 못한 피해자는 은밀하게 가해자에게 복수할 궁리를 한다. 그는 받은 대로 되돌려줄 기회만을 엿본다.

때로 복수심은 조용하면서도 잔인한 방법으로 나타난다. 상대방을 문전박대하고, 전화를 받지 않고, 근거 없이 악의적인 소문을 퍼뜨리고, 친구 사이를 이간질하고, 모임에 초대받지 못하거나 승진에서 탈락하도록 훼방한다. 당신의 이런 행동으로 상대방은 일자리를 잃을 수도 있다.

그러나 위험한 복수심의 대가는 가해자보다 복수를 실행한 사람에게 더 많이 돌아간다. 대개 우리는 '왜 그때 그런 피해를 보았는가' 하고 자신에게 쉼 없이 묻는다. 모든 잘못을 상대방에게 돌리고 비난하는 것은 가장 쉽고 만족스러운 결론이다. 그러나 한 걸음 물러나 더 넓은 시야로 전체적인 상황을 살펴보기 위해서는 커다란 용기와 지혜와 성숙함이 필요하다.

어느 날 갑자기 헨리의 아내가 사라졌다. 그녀는 헨리에게 행복하지 않다고 수없이 털어놓았고 함께 변화를 시도해보자고 부탁했지만, 그는 아내의 말을 심각하게 받아들이지 않았다. 헨리는 원래 여자란 불평 많은 존재라고 생각했다. 두 사람은 서로에게 만족하지 못했다.

헨리는 아내에게 최선을 다해왔다고 느꼈다. 그는 자신이 모범적인 남편이라고 믿었다. 헨리는 열심히 일을 했고, 약간의 용돈을 제외한 월급 전부를 아내에게 맡겼다. 그는 약속 시간을 잘 지켰고, 퇴근 후에도 친구들과 노는 대신 일찍 집으로 돌아왔다. 또 아들 제이슨과 주말 내내 야구를 하며 놀아줄 만큼 자상한 아버지였다. 그러나 자신을 좀더 사랑해달라는 아내의 요구만은 귀찮게 여겼다. 아내는 둘만의 시간을 더 많이 갖고 남편이 낭만적인 애정 표현을 해주기를 바랐다. 반대로 헨리는 아내가 연애소설을 너무 많이 읽었다고 생각했다.

어느 날 아침, 아내가 사라졌다는 사실을 안 헨리는 충격을 받았을 뿐 아니라 격분했다. "나에게 이럴 수는 없어" 하고 헨리는 되뇌었다. 그는 자신이 너무 잘 대해줬기 때문에 아내가 떠났다고 생각했다. 헨리는 이제 부드러운 남자가 아니었다. 바로 그날부터 헨리는 복수를 꿈꾸었다.

복수심과 무력감

헨리는 바보 취급을 당했다고 생각했다. 그는 아내가 떠나고 나서 무력감과 열등감을 느꼈다. 헨리를 비롯한 많은 사람에게 '복수'는 온 세상에 자신이 웃음거리가 아님을 선언하고 힘과 통제력을 되찾기 위한 수단이다. 그들은 마음속으로 이렇게 말한다.

'넌 내 상대가 안 돼. 본때를 보여주겠어. 받은 만큼 그대로 되돌려줄 거야. 누가 승자인지 어디 두고 보자고.'

이 게임에 승자는 없다. 복수는 힘을 증명할 수 없다. 오히려 복수는 무력함과 나약함에서 비롯되며, 명예를 회복할 만한 마땅한 방법을 찾지 못할 때 싹튼다. 거대한 분노를 느끼는 것은 그만큼 무력하다는 증거이기도 하다. 실제로 분노는 (마치 무릎반사처럼) 상처와 무력감과 패배에 대한 반작용일 뿐이다. 복수는 상황을 악화시킨다. 복수는 잘못된 부분을 바로잡지 못하고 오히려 복수를 꿈꾸는 사람을 쓰러뜨린다. 그들은 무엇에도 만족하지 못한다.

복수에 중독된 사람

복수를 하려는 욕망은 종종 망상 또는 집착으로 발전한다. 다른 일에는 흥미를 느끼지 못하므로, 인생은 점점 더 복수에 대한 생각으로만 가득 차고 좁아진다. 복수에 중독된 사람은 그 밖의 일에서는 아무런 의미를 찾지 못한다. 앙갚음할 방법이 떠오를 때까지 그의 인생 전체가 뒷전으로 밀려난다.

어떤 살인사건의 경우에는, 살인범을 붙잡아 처벌할 때까지 피해자의 가족들은 전혀 서로를 다독이지 않는다. 그들의 머릿속은 오직 사랑하는 사람에게 가해졌던 폭력과 범인에게 마땅히 되갚아주어야 할 처절한 응징에 대한 망상으로 가득하다.

모든 사람에 대한 복수

복수심은 가해자에 대한 분노를 다른 사람들에게 전이하는 또 다른 위험한 결과를 초래한다. 예를 들어, 피부색이 다른 사람에게 피해를 당한 사람은 곧 그 인종 전체를 싸잡아 비난한다. 이처럼 단 한 명을 향한 복수심은 그가 속한 집단 전체의 본모습과 결백함을 간과하도록 만든다.

복수는 맹목적이다. 복수심은 눈을 멀게 하고 죄 없는 사람들까지 공격하도록 꼬드긴다.

아내와 헤어진 지 1년이 지난 후에 다시 연애를 시작한 헨리는 애인과의 관계를 주도하면서 짜릿한 기분을 느꼈다. 헨리는 은근히 심술궂게 행동하는 데서 즐거움을 찾았다. 그는 지키지 못할 약속을 하거나, 거짓말을 하거나, 동시에 다른 여자를 만나는 등 예전 아내에게 돌려주고 싶은 온갖 행동을 일삼았다. 헨리는 다시는 바보처럼 당하지 않겠다고 다짐했다.

헨리의 이런 행동은 오랫동안 계속되었다. 헨리의 옛 아내는 이미 다른 남자와 행복하게 살고 있었지만, 헨리는 여전히 분노에 사로잡혀 있었다. 지금 만나는 여자는 분출구에 불과했다. 헨리의 복수심은 모든 여자에게 전이되었다.

불행하게도 이런 일은 꽤 흔하게 일어난다. 우리는 헨리와 비슷한 남자와 여자를 어디에서나 찾아볼 수 있다.

복수심과 정신질환

정신 질환의 주된 원인은 바로 복수심이다(신체 질환도 마찬가지다). 끝없이 이글거리는 복수심은 치명적인 독과 같다. 사람들은 이 맹독을 밖으로 배출하기보다 내면에 지니고 살아가는 길을 택한다. 복수를 꿈꾸는 사람은 지난 일을 잊지 않겠다고, 다시는 그런 일을 겪지 않겠다고 다짐한다. 또한 가해자에게 복수할 기회를 절대 놓치지 않겠다고 자신에게 맹세한다.

이런 분노와 원한은 창조적인 삶, 열린 마음, 사랑, 여가, 신뢰 등을 차단한다. 고유한 재능을 발휘하거나, 더 중요하고 의미 있는 삶을 꾸리는 일도 불가능하다. 복수심에 붙들린 사람은 피해를 입은 상황에서 헤어나지 못한다. 그 일을 떠나보낼 수도 없고, 삶에 신선한 기운을 불어넣을 수도 없다.

 복수심을 없애고 빛과 사랑을 내보내는 연습

티베트 불교에는 통렌tonglen이라는 아름다운 수행법이 있다. 이 수행의 절반은 다른 사람과 자신, 또는 특정한 감정과 상황을 향해 빛과 사랑을 내보내는 연습이다. 나머지 절반은 까다롭고 고통스러운 상황을 피하지 않고 있는 그대로 받아들이기, 즉 호흡으로 들이마시는 연습이다.

이제, 숨을 내쉴 때마다 빛과 사랑을 내뿜는다고 생
각하라. 그런 감정을 실감 나게 느낄 필요까지는 없
다. 단순하게 그 사람, 상황, 또는 감정에 집중하고
"당신에게 빛과 사랑을 보냅니다"라고 되뇌어보라.
거듭 반복하라. 이것은 당신이 찾아볼 수 있는 가장
강력한 연습이다. 약간의 사랑만으로도 많은 것을
치유할 수 있다.

우리에게는 지구 전체를 치유할 만한 깊은 사랑이
내재해 있다. 다만 그동안 구두쇠처럼 그것을 아껴
왔을 뿐이다. 사랑을 주위에 발산하라. 사랑은 나누
어도 줄지 않는다. 사라지는 것은 바로 당신의 슬
픔이다.

학대를 견디는 것은
용기가 아니다

모든 학대는 복수의 열망 위에서 자라난다. 아내 또는 남편, 동료, 친구, 가족 등을 학대하는 행위 뒤에는 복수심이 깔려 있다. 그것은 분명히 과거의 어떤 일에서 비롯되었다. 그리고 지금 뚜렷이 드러난 학대는 빙산의 일각에 불과하다. 피학대자는 대개 어떤 식으로든 학대자에게 의존하고 있다. 학대자는 자신의 복수심을 분출할 만한 사람을 발견했다. 여기서 슬픈 사실은 상대방(학대자)에게 신뢰와 사랑을 보냈던 사람들이 오히려 학대의 대상이 되는 경우가 많다는 점이다.

불행하게도 학대는 매우 다양한 방식으로 나타나며, 심지어 당사자조차 인식하지 못하는 채로 일어나기도 한다. 학대는 어릴 때의 경험이 그대로 재현되는 경우가 많다. 그들은 친숙한 상황을 조성함으로써 편안함을 느낀다. 그들은 어릴 때의 경험으로 인해, 처벌받고 억압받고 모욕받는 것이 곧 사랑받는 것이라고 착각한다. 그들은 자신을 학대했던 부모에게서 이런 말을 들었을 수도 있다.

"내가 이러는 건 다 너를 사랑하기 때문이야."

그들은 사랑과 학대를 동일시한다.

앤드루는 상사가 원하는 것은 무엇이든 해야 한다고 생각했다. 그는 상사의 모든 지시를 이행했으며 그 이상을 미리 준비했다. 앤드루는 무엇보다도 상사에게 인정받고 신뢰를 얻고자 노력했다. 그는 일을 많이 할수록 더 좋은 기회를 얻을 것이라고 믿었다.

반면 상사는 자신에게 인정받고자 하는 앤드루의 욕망을 눈치채고는, 많은 업무를 맡겨 늦게까지 일하게 하거나 개인적인 심부름까지 시켰다. 적당한 경계를 그을 줄 몰랐던 앤드루는 그저 모든 지시를 묵묵히 따랐다. 처음에 앤드루는 그 대부분이 부당한 지시라는 사실조차 깨닫지 못했다.

상사가 불평을 하자 앤드루는 불안해졌다. 앤드루는 상사를 만족시킬 수 없었다. 아무리 열심히 해도 상사는 앤드루의 노력과 결과를 무참히 깎아내렸다. 심지어 사람들 앞에서 앤드루에게 창피를 주거나 고함을 치기도 했다.

이렇듯 앤드루는 자신도 모르는 사이에 학대 관계에 끌려 들어갔다. 능력을 인정받겠다는 강한 욕구로 인해 앤드루는 적절한 대응을 하지 못했고, 그 상황에서 어떻게 벗어나야 하는지도 알지 못했다.

사소하지만 치명적인 학대의 방식

학대는 많은 방식으로 나타난다. 아주 사소하게 시작되어 점점 심해지는 경우가 대부분이다. 학대의 방식을 예로 들어보면 지속적인 비난, 공공연한 창피 주기, 무의미하거나 불가능한 요구, 억압적이고 소유적인 태도, 다른 사람으로 인한 피해를 뒤집어씌우기 등이 있다. 무시, 조롱, 당연한 요구를 거절하는 일도 학대에 포함된다. 또한 여기저기 바람을 피우고 다님으로써 상대방(반려자)의 마음을 괴롭히는 것도 학대에 포함될 수 있다.

학대받는 사람은 자존감에 큰 상처를 입는다. 그들은 자신을 형편없는 바보, 또는 매력 없는 사람으로 생각한다. 따라서 오랫동안 학대를 받아온 사람은 자기 중심을 되찾기 어렵다.

학대에 대한 집착

안타깝게도 개중에는 학대 관계에 중독되는 사람들이 있다. 그들은 한 사람과 헤어지면 또다시 비슷한 사람을 만난다. 그들의 낮은 자존감과 자기혐오self-hate는 스스로 처벌을 끌어당긴다. 실제로 많은 사람이 학대받는 것에 집착하고, 인격적으로 또는 성적性的으로 그런 욕망을 표현한다. 학대받지 않으면 안정감 또는 성적 흥분을 느끼지 못한다. 이런 증상을 전문용어로는 마조히즘(고통과 굴욕을 통해 쾌락을 추구하는 병적인 심리상태)이라고 부른다.

어떤 사람들은 학대를 견뎌냄으로써 자신의 강인함을 증명하려고 한다. 그들은 자신이 얼마나 더 큰 고통을 견딜 수 있는지 시험한다. 그들은 고통이 자신을 강하게 만들고 죄를 씻어준다고 믿는다. 이처럼 세상에는 고통과 학대를 합리화하는 많은 논리가 존재한다.

학대 관계라는 덫에 갇힌 사람들은 일부러 그런 상황을 조성한다. 그들은 거칠고 음란하고 잔인한 이성異性에게 많은 관심을 보인다. 그들은 그런 사람들을 끌어당기고, 자신도 사람들 앞에서 그렇게 행동한다. 그들은 친절한 사람은 지루하다고 생각한다. 그들은 재미가 없다는 이유로 친절한 사람들과의 관계를 거부한다. 그들은 흠을 잡기 어려운 훌륭한 이성과 마주하는 일을 스스로 피한다. 그리고 행복한 삶을 누리기보다는 다른 사람에 대한 부정적인 이미지를 지속하는 길을 택한다.

행복해지는 것이 두려운 사람들

자신은 행복을 누릴 가치가 없다는 생각 속에서 학대 관계만을 찾아다니는 사람들이 있다. 그들은 부모의 억압, 또는 뿌리 깊은 죄책감 등으로 인해 훌륭한 대우를 받는 것 자체를 고통스러워한다. 또는 행복을 안겨준 사람이 갑자기 사라졌을 때 찾아올 엄청난 상실감을 미리 염려한 나머지 처음부터 행복을 피하는 사람도 있다.

지나친 행복은 곧 죄악이므로 차라리 다른 사람들처럼 고통받는 것이 낫다고 생각하는 사람들도 많다. 그들은 큰 행복 뒤에 찾아올 나쁜 일들을 미리 걱정한다. 그런 생각들을 관찰해보면, 누구나 조금씩은 '지금 나는 행복과 사랑을 얻을 자격이 없어'라는 부정적인 신념을 지니고 살아간다는 사실을 발견할 수 있다.

당신은 건강과 행복을 선택할 수 있다. 또한 해로운 상황을 벗어나는 데 필요한 지원, 도움, 격려를 얻을 수도 있다. 세상은 넓다. 세상에는 수많은 사람과 다양한 가능성이 있다. 그러니 마음을 활짝 열어라.

1. 자신을 잘 돌보겠다고 다짐하라. 지금 당장 실천할 수 있는 방법을 찾아 자신을 돌보라. 예를 들어, 독립적인 태도를 취해보는 것은 어떤가? 운동, 음식 조절, 친구 만나기, 워크숍 참가, 도보 여행 등 방법은 수없이 많다.

2. 상대방에게 당신이 원하는 바를 분명하게 말하라. 푸념하고, 울고, 비난하고, 매달리는 태도로는 당신의 의사를 효과적으로 전달할 수 없다. 바른 자세로 마주 앉아 상대방으로 하여금 당신에게 해도 괜찮은 행동과 그렇지 않은 행동이 무

엇인지 알게 하라. 그들의 동의 여부는 중요하지
않다. 당신은 무엇을 용납해야 하고, 무엇을 용납
하면 안 되는지 이미 알고 있다.

위의 단계를 실천했음에도 아무 변화 없이 학대가
계속된다면, 최후의 방법은 상대방과 헤어지는 것
이다. 진지하게 헤어지라. 당신이 떠난다는 사실과
떠나는 이유를 상대방이 알 수 있도록 하라. 비난할
필요도, 비난받을 이유도 없다. 그들의 분노와 비난
과 애원에 동요하지 말라.
학대 관계를 끊는 것은 당신뿐만 아니라 상대방을
위해서도 좋은 일이다. 바로 당신을 통해서, 그들은
머지않아 밖을 향한 채찍질을 그만두고 내적인 문
제와 마주할 수밖에 없는 상황에 처하게 된다는 사
실을 깨닫게 될 것이다.

09 과도한 경쟁으로 얻은 성공에는
대가가 따른다

화는 종종 직장에서도 분출된다. 미묘하게 드러날 때도 있고 직접적으로 드러날 때도 있다. 극단적인 경우에는, 격분한 직원이 자신을 부당하게 대한 상사나 동료에게 물리적인 폭력을 가하는 끔찍한 일도 벌어진다.

다행히 대부분의 분노는 훨씬 미묘한 방식으로 표현된다. 예를 들면 경쟁, 따돌림, 명령, 실력 행사 등 업무 영역에서 받아들여질 수 있는 다양한 행동이 이에 포함된다. 그러나 고용주가 직원을 함부로 대하는 행동이 사회적으로 용인된다 하더라도, 그것은 엄연한 학대이자 분노의 표현으로서 가해자와 피해자 모두에게 반드시 부정적인 영향을 미친다.

다른 사람의 화를 끝까지 버텨내는 것은 매우 힘 빠지는 일이다. 그것은 열정, 창조력, 최선을 다하고자 하는 마음을 사라지게 한다. 언제가 되었든 피해자는 자신이 받은 그대로 복수할 방법을 찾아내고야 말 것이다. 그리고 직원을 통제하고 학대할 권리가 있다고 생각했던 가해자들도 곧 지독한 경험을 하게 된다. 그들은 자신의 화를 끌어안고 살아야만 한다. 그것은 그들의 몸과 마음과 삶 전체에 영향을 미친다. 이렇듯 한 번 발현된 분노는 어떤 식으로든 자신에게 되돌아온다.

카라는 유능한 직원으로, 초과 근무를 해서라도 맡은 일을 끝마칠 만큼 열정적이고 헌신적으로 근무했다. 그녀의 직속 상사는 카라를 볼 때마다 불안했다. 그녀의 성과에 사람들의 관심이 점점 많이 쏠린다는 사실에 겁이 났다. 상사는 카라가 자신보다 더 뛰어날지도 모른다고 생각했다. 결국 그는 불안감으로 인해 고의적으로 카라를 괴롭혔으며, 카라의 실수를 찾아내서는 사람들 앞에서 대놓고 꾸짖었다.

카라는 그런 상사를 도저히 이해할 수 없었다. 아무리 노력하고 좋은 결과를 만들어도 상사는 무조건 트집을 잡았다. 상사는 카라가 승승장구하는 모습을 두고 볼 수 없었던 것이다.

머지않아 카라의 업무 성과는 점점 추락했다. 카라는 지각을 하고, 점심시간을 초과하고, 일찍 퇴근할 핑곗거리를 찾았다. 병가를 내는 날도 잦아졌다. 당연히 상사는 더 많은 비난을 퍼부었다. 카라는 점점 더 힘이 빠졌고 일에 집중할 수 없었다. 반면 상사는 카라보다 나은 성과를 냄으로써 카라의 자존감과 자신감, 마음의 안정을 깨뜨렸다. 결국 카라는 해고되었고, 그녀의 상사는 강력한 경쟁자가 사라졌다는 사실에 안도했다.

사회적으로 용인되는 화

대부분의 회사는 위계 조직을 갖추고 있고, 상사와 선임자는 직원을 관리할 권리를 갖고 있다. 그들은 일정 수준 이상의 생산성과 성과를 유지하기 위해 직원의 업무를 감독한다. 그러나 상사가 가진 이런 권리는, 그의 지휘 아래에서 인정받고자 노력하는 직원을 괴롭히고, 꾸짖고, 꼬투리 잡는 행동을 합리화하는 수단으로 악용되기도 한다. 당연히 모든 직원은 상사에게 좋은 평가를 얻고자 하며 상사를 만족시켜 승진하고자 한다. 직원의 생계는 상사에 의해 좌우될 수도 있다.

이런 상황에서 상사는 통제, 억압, 조종 등 여러 방식으로 분노를 드러내면서 도를 넘어서기 쉽다. 사람들은 다른 곳에서는 함부로 하지 못하는 행동도 일방적인 관계 속에서는 당연한 듯이 하게 되기 때문이다. 그러므로 우리는 동등하지 못한 관계 속에 깔린 위험성을 깨닫고, 그것을 무력화하는 방법을 배워야 한다.

사회적으로 용인된 분노 표현 외에도 또 다른 중대한 문제가 하나 더 있다. 대개 직장인은 가족이나 친구들과 함께 있는 시간보다 더 많은 시간을 직장에서 보낸다. 이런 환경에서는 필연적으로 심리적인 전이轉移가 발생한다. 전이란 실제로는 전혀 관련이 없는 사람에게 어떤 감정을 투사하는 현상이다.

예를 들어, 한 집단이 오랫동안 유지되면 그 안에는 가족 역학 구조family dynamics가 형성된다. 그리고 사람들은 가족 속에서 얻은 감정과 행동을 무의식적으로 드러낸다. 직장 안의 누군가가 과거에 깊은 관련을 맺었던 사람의 대역이 된다. 우리는 그 사람으로 인해 아버지, 엄마, 형제 중 하나를 (의식적이든 무의식적이든) 떠올린다. 예전에는 가족을 향했던 심리적 동력이 이제는 직장 내에서 활동한다. 그리고 이런 과정은 대개 당사자가 자각하지 못한 채로 진행된다.

우리는 함께 일하는 사람을 부당하게 대하는 사람의 모

습에서 이런 현상을 확인할 수 있다. 특정인에 대한 냉정한 태도, 좌절, 분노, 권위에 대한 거부, 또는 지나친 복종 등이 대표적인 징후다. 이와 같이 사람들이 과거에 자각하거나 표현하지 못했던 분노를 직장에서 다양한 방식으로 표출하는 것은, 그들이 직장에서 보내는 어마어마한 시간을 고려해볼 때 충분히 있을 수 있는 일이다.

현재의 상황에서 빚어진 분노와 과거에서 투사된 분노를 분간하는 것은 매우 가치 있는 기술이다. 과거의 경험에서 비롯된 화는 현재의 상황을 어떻게 변화시켜도 해결되거나 사라지지 않는다.

반면, 잘못된 화 또는 투사된 화는 직장 내에서 발생하는 심각한 불안, 스트레스, 시빗거리의 원천이 된다.

성공에 대한 갈망과 과도한 경쟁

직장 내에서 화를 일으키는 또 다른 원천은 바로 극심한 경쟁이다. 성공을 몹시 갈망하는 사람 중 일부는 모든 사람을 제거해야만 하는 위협적인 존재로 바라본다. 그들은 앞길을 가로막는 사람은 누구라도 쓰러뜨리겠다는 태도로 사람들을 대한다. 그리고 도를 넘어선 경쟁은 곧바로 양쪽 모두에게 큰 분노를 일으킨다.

그럼에도 경쟁은 종종 장려된다. 많은 기업에서는 경쟁이 생산성과 성과를 높이는 좋은 수단이라고 믿고 있다. 그들은 직원들의 삶의 질에는 아무 관심이 없으며, 최저 기준만 지키면 그만이라고 생각한다. 반면 몇몇 (비영리) 단체들은 최선의 결과는 협동과 윈-윈 전략을 통해 얻어진다는 사실을 알고 있다.

그러므로 자신이 일하고 있는 회사의 문화를 관찰하는 것도 중요한 일이다. 만약 그곳이 분노와 과도한 경쟁으로 움직이고 있다면, 그곳에서 일하는 사람들도 언젠가는 큰 대가를 치를 것이기 때문이다.

자신이 얼마나 분노와 경쟁을 연료로 삼아 업무에 임하고 있는지, 시간을 들여 관찰하는 것은 대단히 유용한 일이다. 먼저 당신에게 성공이란 어떤 의미인지부터 알아보자. 다른 사람을 이기거나, 그들을 경기장 밖으로 끌어내는 것이 성공인가? 그런 수법들이 당신의 삶을 행복하게 만들어주는가? 그것의 대가는 무엇인가?

1. 당신은 일 속에서 누구와 경쟁하는가? 당신을 가장 곤란하게 하는 사람을 한 명 떠올려보라. 어떤 면에서 그 사람을 이기고 싶은지 적어보라. 그 사람에 대한 감정, 그리고 그동안 그와 경쟁해온 과정을 적어보라. 누가 더 자주 승리했는가? 당신은 이겼을 때 어떤 기분을 느꼈는가?

2. 오늘은 상대방에게 져주라(만약 그가 고객이라면 그의 요구조건을 들어주라). 오늘 하루, 이 특별한 날에는 호의를 갖고 그 사람을 대하라. 그를 도울 방법을 찾아보라. 그가 당신의 배려와 존중을 적어도 한 가지쯤은 눈치챌 수 있게 하라. 하루를 마무리할 때 당신의 기분은 어땠는가? 누가 진정한 승자라고 생각하는가?

모든 사람이 승리하는 업무 환경이 조성되면 어떨지 상상해보라. 어떻게 하면 그것을 실현할 수 있을까? 그것이 실현된다면 당신의 삶의 질이 얼마나 높아질지 상상해보라. 그것은 당신에게 얼마나 큰 가치를 선사할 것인가?

10

세상에 대해 화가 나는 이유가 정말로 있다

직장에서 표현되는 화에서 본 것처럼, 자각되거나 인정되거나 표현되지 못한 분노는 억압된다. 억압된 분노는 시한폭탄과 같다. 그리고 억압된 분노는 어떤 방식으로든 폭발하게 되어 있다. 가장 흔한 방식은 바깥세상, 즉 주변의 어떤 것을 향한 투사projection다.

억눌린 화가 세상에 투사된다

억눌린 분노로 가득 찬 사람에게 세상은 위험하고 무자비
하고 증오할 만한 대상으로 가득한 곳이다. 억압된 분노
는 증오해도 좋을 만한 상황, 원인, 단체 등을 수없이 발견
해낸다. 그리고 그 분노는 많은 합리화를 통해 정부와 특
정 단체, 개인을 몰락시키는 방향으로 분출된다. 시위, 정
치 소송, 악의적인 보도 중의 일부는 오랫동안 참아온 개
인적인 분노와 복수심에서 비롯된다.

물론 시위나 정치 소송이 정의롭지 못하거나 가치가 없
다고 주장하는 것은 아니다. 다만 공적인 사안에 대해 시
민으로서 적절한 권리를 행사하는 것과, 억눌렸던 분노
를 분출시킬 기회로 악용하는 것은 구별되어야 한다는
뜻이다.

레이와 그의 동생들은 아버지에게서 오랫동안 심한 학
대를 받았다. 레이는 맏이로서 가족의 불행에 대해 무거
운 책임감을 느꼈다. 아버지는 협박과 폭력, 폭언으로 가

족을 통제했고, 모든 결정권이 자신에게 있다고 입버릇처럼 말했다. 레이의 어머니는 수동적이고 의존적인 성격으로, 남편에게 맞서기는커녕 자신과 자식들조차 제대로 보호하지 못했다.

어린 시절 내내 레이는 두려움과 무력감에 시달렸으며, 아버지를 무릎 꿇리는 복수 장면을 꿈꿨다. 레이는 직접 가족을 통솔하고 동생들을 보살피는 자신의 모습을 그려보았다. 그러나 집에서 사는 동안, 이것은 공상에 지나지 않았다. 레이의 아버지는 감히 맞서기 힘들 정도로 무자비한 사람이었기 때문이다. 그러나 집을 떠나고 나자, 레이의 숨겨진 원한은 즉시 정부를 향해 표출되었다. 레이는 정치적인 운동에 참여했고, 선거권자들의 신뢰를 저버리고 있다고 생각되는 사람들에 대해서는 가차 없는 혹평을 발표했다. 레이는 전 세계 수많은 고위 인사들에 대한 기사를 샅샅이 뒤졌다. 그는 시위에 참여하는 것을 즐겼으며, 특히 폭력 사태로 이어질 가능성이 큰 시위에는 빠지는 법이 없었다.

아버지에 대한 레이의 감정은 분명히 정부 관료들을 향

해 투사되고 있었다. 그리고 레이가 속한 정치 모임은 그의 행동을 합리화하고 힘을 실어줌으로써, 그가 무력감과 원한을 분출하도록 부채질했다.

비인격적인 대상을 향한 화

레이의 경우는 다소 극단적이지만, 이는 정부와 다양한 단체를 향해 투사되는 분노의 영향력을 대변해주는 좋은 사례다. 정부 또는 그와 유사한 조직은 본질적으로 규모가 크고 비인격적이기 때문에, 레이 같은 사람들은 부담 없이 거기에 소속된 사람들을 비난하고 자신의 행동을 합리화할 수 있다. 그들은 상대방의 공적인 가면public persona 만을 보고 있을 뿐이며, 실제로 상대방이 어떤 사람인지 모른다는 사실을 인식하지 못한다. 이는 그럴듯한 상상을 덧붙이고 분노를 투사하기에 딱 좋은 조건이다. 또 그들은 비난의 대상이 된 인물들과 직접 만나야 하는 상황에서는 익명을 요구한다. 레이의 주장 중에는 분명 옳은 부분이 있겠지만, 그것들은 도를 넘은 방식으로 분출됨으로써 어떤 효과도 거두지 못했다.

어떤 이유로든, 공인이 된 사람들은 투사의 대상이 될 가능성이 크다. 즉 누군가의 신념과 반대되는 입장에 서거나 괘씸하다고 생각되는 활동을 보여준 개인, 단체, 또는 정부는 억압된 분노의 투영물이 되기 쉽다.

다시 강조하지만, 나는 이런 활동들이 부당하거나 부질없다고 주장하는 것이 아니다. 그러나 전체적인 배경과 사실, 정부의 장기적인 계획을 확실히 알지 못한 채 무작정 과도한 반응과 분노를 쏟아내고 있다면, 이는 투사가 작동하고 있는 것으로 해석할 수밖에 없다.

이런 관점에서 보면, 새로운 정부가 출범할 때 극심한 불안감을 드러내는 사람들 중 많은 경우는 어린 시절의 두려움을 현재의 정부에 투사하고 있다고 생각된다. 우리는 가정 안에서 안전하게 보호받고 양육될 권리를 갖고 있다. 그러나 이런 믿음이 깨졌거나 불안하고 부당한 상황에 노출되는 경험을 했을 때, 그 감정들은 나중에 되살아나 지금 우리에게 '가정'과 유사한 기능을 하는 단체나 정부를 향해 뻗어나가곤 한다.

권력에 대한 화

정부와 각종 단체에 대한 과도한 분노가 있는 곳에서는, 대개 권력으로 빚어진 공통적인 패턴(과거의 상처)을 찾아볼 수 있다. 집, 학교, 교회 등에서 권위에서 비롯된 통제, 억압, 면박, 방해를 받았던 경험은 심한 충격으로 남는다. 이미 성인이 된 사람들도 종종 그런 상처에 발목을 잡힌다. 따라서 권력을 믿지 않는 경향은 점점 깊어지고 배신감과 실망감에서 비롯된 분노가 그에 덧붙는다.

특히, 절대적인 권력은 성장기 아이들에게 무척 중요하다. 아이들은 역할 모델role model, 즉 존경스럽고 사랑할 만한 대상, 인생의 기준으로 삼을 만한 영웅을 필요로 한다. 아이들이 어른(권력자)을 동경하고 존경하는 것은 선천적이고 자연스러운 행동이다. 그것은 아이들에게 중요한 의지처다. 그러나 이런 믿음이 깨져 상처와 배신감, 실망감을 경험한 아이들은 모든 권력에 대해 일반화된 분노를 형성할 뿐만 아니라 스스로 권력을 행사해야 하는 입장에 놓였을 때 적절하게 처신하지 못한다. 말하자면 그들은 (정신적인) 성인기로 완전히 들어서지 못하거나, 권리에 따르는 책임감을 진지하게 느끼지 못한다. 대신 그들의 삶은 권력에 대한 반란으로 채워진다. 이때 권력의 주체는 길잡이, 든든함, 영감의 원천으로 인식되는 것이 아니라 우리의 주체성, 자율성, 창조성을 짓밟는 적군으로 여겨진다.

결국, 주체적인 삶이 필요하다

권력에 대한 숭배와 혐오는 동전의 양면이다. 그 두 가지 감정은 외부의 권력에 집착하거나 주체적으로 자신의 삶을 꾸려나가지 못하는 데서 비롯된다. 그 두 가지 태도는 뒤를 돌봐줄 누군가를 필요로 하는 미성숙한 단계, 즉 중심이 없는 상태를 벗어나지 못하게 한다.

충분한 성숙 단계로 나아가기 위해서는 권력자도 자신과 동일한 사람이라는 사실을 깨닫고 그들에게 투사했던 에너지와 책임감을 되돌려 자신의 삶 속에서 주체적으로 실현할 수 있어야 한다. 그렇게 하면 다른 사람을 향했던 거대한 분노가 해소됨으로써, 건설적이고 건강한 방식으로 모든 에너지를 온전하게 자신의 삶과 가치 실현에 사용할 자유를 획득하게 될 것이다.

11

내가 가진 편견은
어디에서 왔을까

안타까운 일이지만, 우리는 아이들을 가르칠 때 편견을 부추기는 경우가 많다. 정체성과 가치관을 형성하는 시기의 사람들은 특정 집단의 일원으로서, 다른 집단과의 차이점을 통해 자신을 규정한다. 우리는 분리되고 구분된 개체이지만, 모든 미덕과 장점을 우리가 속한 집단에게로 끌어온다. 그리고 두려움과 혐오감을 일으키는 부정적인 특성은 다른 집단에게 떠넘긴다. 그들은 왠지 위험하게 느껴지고, 접근하기가 꺼려지며, 비난당해도 마땅한 사람들로 여겨진다. 그들은 버스에서도 뒷좌석을 배정받는다(비유지만, 실제로도 아직 이런 일이 벌어지고 있다). 우리는 그들을 거부하고 멀리 내쫓는 한편, 모든 종류의 악행과 난폭함의 주범으로 매도한다. 증오 범죄hate-crime(인종, 종교, 신조 등에서 비롯된 편견과 증오심을 바탕으로 하는 범죄-옮긴이)와 전쟁은 바로 여기서 비롯된다.

레지널드는 뼈대 있는 집안에서 자라난 토박이였다. 그는 대학을 졸업한 후 고향으로 돌아가 그곳에 정착했다. 자신의 민족, 종교, 가문이라는 테두리 안에서 견고한 정체성을 형성하고 있던 레지널드는 자신과 다른 면이 있는 사람들을 관대하게 받아들이지 못했다. 그는 다른 관습, 가치관, 피부색, 문화를 갖고 있는 사람들을 삐딱한 눈으로 보았다. 심지어 작은 목소리로 '야만인들'이라고 중얼거리곤 했다.

그러다가 다른 종교와 피부색을 가진 사람들이 근처로 이사를 오게 되자, 레지널드는 마치 침략을 당한 것처럼 불안과 위협을 느꼈다. 그는 이사 온 사람들을 그 지역 사교모임에 참여시키자는 의견에 반대했다. 레지널드는 밤마다 문을 굳게 잠갔으며, 심지어 그들과 인사도 나누지 않았다. 결국 거북함을 참지 못한 레지널드는 집을 팔고 다른 곳으로 이사를 가버렸다.

편견과 정체성

레지널드의 반응은 단지 외부적인 변화와 그릇된 우월의식 때문이라기보다 그 자신의 취약한 정체성 때문이었다. 그는 자신이 누구인지 제대로 알지 못했다. 또한 그는 현실이 어떤지 알지 못했고, 내적인 안정감을 주체적으로 유지할 능력도 없었다. 그는 자신이 속한 집단들의 특성을 조합한 자아, 즉 폐쇄적이고 가공된 정체성을 갖고 있었다. 그는 제 입맛에 맞는 대로 살기 위해 창살 없는 감옥을 만들었다. 그는 그곳에서 탈출하지도, 그곳을 다른 사람들에게 개방하지도 못했다.

　레지널드는 자신의 본모습을 몰랐던 것처럼 다른 사람

들의 모습도 있는 그대로 받아들이지 못했다. 그는 극단적인 투사를 통해 사람들을 그저 표상symbol 수준에서 이해했다. 그는 자신과 다른 사람들의 인성人性을 배제한 채 세상을 바라봤다. 레지널드의 정체성은 통합적이지도 유연하지도 않았으며, 그저 마땅히 이래야 한다고 믿는 표상에 지나지 않았다.

그림자 투사

우리가 다른 성별, 인종, 종교에 대해 갖고 있는 편견의 바탕에는 또 다른 면이 있다. 이것은 흔히 '그림자 투사projecting the shadow'라고 불린다.

심리학자 로버트 블라이의 이론에 따르면, 모든 사람은 각자 스스로 인정할 수 없는 부분(그림자)을 갖고 있다. 예를 들어 억압된 분노로 가득 차 있는 사람은 그 분노를 겉모습이 다른 사람들(다른 성별, 인종, 종교)에게 투사한다. 이렇게 자신의 분노를 외부로 투사함으로써, 그들은 오히려 다른 집단 사람들이 화가 나 있으며 위험하다고 인식한다. 정말로 위험한 것은 바로 자기 내면의 분노이지만, 그것은 적절히 해소되지 못한 채 외부로 투사된다. 이것은 내면의 분노를 계속 외면하고 방치하겠다는 뜻이나 다름없다.

이런 과정은 단지 분노뿐만 아니라 탐욕, 성욕 등 부정적이고 반사회적으로 느껴지는 모든 감정에서 공통으로 일어난다. 동성애적 성향이 있으나 그런 자기 욕구를 혐오하고 두려워하는 사람들은, 종종 그 거부감을 외부 동성애자들에게 투사한다. 그들은 다른 동성애자를 조롱하고 응징함으로써 자신의 동성애적 충동과 감정을 지워버리고자 한다.

특히 이런 투사는 다른 종교를 가진 사람을 만났을 때 매우 강력하게 일어난다. 우리는 '신의 반역자'에 대한 글을 수많은 경전 속에서 찾아볼 수 있다. 사람들은 그 '반역자'가 신앙을 공유하지 않는 '이교도'를 뜻한다고 이해했다. 그리고 그런 왜곡은 신의 이름 아래에서 엄청난 살인과 고문과 파괴가 자행되는 결과를 빚었다. 종교가 다르다는 이유로 붙여진 '신의 반역자'라는 꼬리표는 무자비한 학대와 광기를 정당화하는 도구로 사용되었다.

그러나 그 전에 그 경전들을 더 면밀히 검토했다면, 오히려 그 속에서 인류의 공통적인 가치를 발견할 수 있었을 것이다. 또한 '신의 반역자'라는 말의 진정한 뜻은 바로 각자의 마음속에 있는 혼란과 고통이라는 사실도 깨달았을 것이다.

다시 한 번 강조하지만, 우리는 내면의 그림자를 다른 사람들에게 투사하는 대신, 마치 진짜 그림자를 보듯이 내면을 들여다보고 우리가 밖에서 보는 모든 어두운 면이 우리 안에도 자리 잡고 있음을 깨달아야 한다. 그것을 있는 그대로 발견해야 한다. 자신의 어둡고 부정적인 면을 발견하고 해소하고 책임진다면, 우리를 포함한 모든 사람은 본모습 그대로 존재할 수 있고 또 정당하게 평가받을 수 있다. 그런 조건 위에서는 모든 사람이 조화를 이루고 평화롭게 살 수 있다. 사람 또는 집단 간의 차이점은 불안 요소가 아니라 오히려 아름다움의 원천이다. 우리는 인류의 공통적인 본성이 다양한 방식으로 발현되는

2장 감정도 설계가 되나요?

것을 볼 수 있다. 이것이 바로 모든 경전에 담겨 있는 진

정한 가르침이다.

이웃 사랑하기를 네 몸과 같이 하라.

- 〈레위기 19:18〉

12

분노를 다스리지 못하면
생명도 위험하다

자살은 분노가 가장 고통스럽게 표현된 것이다. 또 자살은 광범위한 영향력을 행사할 수 있는 방식으로서, 당사자는 물론 가족과 친구에게도 되돌릴 수 없는 상처를 남긴다. 안타깝게도 오늘날에는 10대의 자살이 크게 늘고 있다. 이런 현상은 가족의 근간을 뒤흔들 뿐만 아니라, 살아 있는 사람들이 '무엇이 그 애를 자살로 몰고 갔을까? 내가 그러지 않았다면 자살하지 않았을지도 몰라. 그때 그렇게 비난하는 게 아니었는데……' 하는 생각에 압도되게 만든다. 가까운 이의 자살에서 느끼는 죄책감으로 인해, 남아 있는 사람들은 오랫동안 인간관계에서 어려움을 겪거나 어떤 즐거움도 느끼지 못한다.

안나 부부는 10대 아들이 자살한 뒤 모든 일에서 손을 놓았다. 그들은 여러 해 동안 각자의 직업 때문에 집에서 많은 시간을 보내지 못했다. 두 사람은 자신을 가혹하게 비난했고, 자살한 아들에 대한 그리움과 '그 일을 막을 방법은 없었을까' 하는 생각에만 휩싸여 하루하루를 보냈다. 결국 안나 부부는 이혼했다(자녀가 자살한 이후에는 상당수의 부부가 이혼한다). 두 사람은 서로 더 견딜 수 없었다. 얼굴을 마주할 때마다 그 슬픈 일이 떠올랐기 때문이다.

상담받으러 온 안나의 첫인상은 초췌하기 그지없었다. 비록 아들은 고통을 이겨내지 못했지만, 그녀 자신만큼은 여전히 살아야 할 권리와 의무가 있다는 사실을 안나에게 다시 인식시키는 데는 오랜 시간이 필요했다. 어떻게든 안나는 자신만큼이나 큰 충격을 받은 다른 자녀와 가족에게로 돌아가 그들과 함께 다시 시작해야만 했다.

자살은 결코 쉽지 않은 주제지만, 우리는 이를 묻어둘 것이 아니라 주요 원인과 예방책에 대해 진지하게 논의해야 한다. 자살은 오랫동안 방치해온 분노가 가장 비극적으로 나타난 결과이기 때문이다.

왜 자살하는가

자살은 자신의 생명을 유지하고 다른 사람들과 함께 살아가려는 인간의 자연스러운 본능에 위배되는 행동이다. 우리는 자살이 아주 극단적인 상황에서만 드물게 발생하는 것이라고 생각하기 쉽다. 오늘날 왜 이렇게 최악의 선택이 자주 일어나는지 많은 사람이 이해하지 못하는 이유는 그 때문이다.

자살의 원인을 알기 위해서는 먼저 인간이 신체적인 고통, 감정적인 고통, 사회적인 고통, 영적인 고통 등 온갖 고통에 시달린다는 사실부터 인식해야 한다. 그런 고통을 더 참을 수 없는 지경에 이르면, 사람들은 죽음이 모든 것을 멈추게 해줄 거라는 환상에 사로잡힌다. 또한 자신이 죽으면 주변 사람들이 스스로 잘못을 절실하게 깨달을 것으로 생각한다. 분명히 주변 사람들은 엄청난 죄책감에 시달릴 것이다. 이렇듯 어떤 분노의 표현도 용납되지 않는 상황이거나, 도저히 실현될 수 없는 완벽주의에 빠져 있거나, 아무도 자기 이야기를 들어주지 않거나 진심을 알아주지 않을 때, 자살은 고려해볼 만한 선택지로 다가온다.

자살과 원한

자살이라는 행동 아래 깔려 있는 격렬한 분노를 애써 무시한다면, 자살을 올바로 이해할 수 없다. 자살과 살인은 동전의 양면이다. 자살자는 살인을 계획한 것이나 다름없다. 단지 다른 사람을 죽일 수 없기 때문에, 그리고 현실이 어떤 분노의 표현도 용납하지 않기 때문에 분노가 자신을 향했을 뿐이다. 자살 기도의 상당수는 다른 사람에게 상처를 주고 복수를 달성하기 위한 것이다. 또한 그것은 관심을 갖고 보살펴달라는 간절한 외침이기도 하다. 자살자들은 이 세상에서는 원하는 것을 얻을 수 없다는 절망감을 느꼈다. 그들은 목표를 성취하거나 사람들에게 주목받는 방법을 찾지 못했다. 즉 자살은 오랫동안 갈망해온 사람들의 관심, 고통에서 벗어난 평화, 또는 복수를 달성하기 위한 행동이다.

자살과 조종

자살은 극단적인 통제 수단으로 이용된다. 자살을 기도하는 사람들 중에는 자기중심적인 성향이 지나친 사람들이 있다. 그들은 자살과 같은 '위협'을 통해서라도 다른 사람들을 자기 뜻에 따르도록 만들고 싶어한다. 그들은 사람들이 마음에 안 드는 방식으로 행동하려고 하면 '죽어버리겠다'라는 협박도 서슴지 않는다. 자살은 다른 사람을 조종하는 최후의 수단이다. 이때 자살은 일종의 갈취 수단으로 쓰인다.

이와 다르게, 자살은 삶 그 자체를 조종하는 방식으로 이용되기도 한다. 자신의 삶을 스스로 통제하고 있다는 확신이 무너졌을 때, 사람들은 '삶과 죽음'이라는 최종적인 선택을 통해 그 통제력을 회복하고자 한다. 그들에게 자살이란 자신이 바람에 나부끼는 잔가지에 불과한 존재가 아니라 결정적인 통제력을 가진 존재임을 외치는 소리 없는 주장이다.

자살과 외로움

자살 기도자의 다수는 깊은 외로움, 소외감, 허무감의 희생자다. 그들은 자신이 가치 있는 집단 또는 우주의 일부분이라는 관념을 갖고 있지 않다. 삶에 참여하고 변화를 일으키는 방법을 모른다. 삶은 그저 무의미하고 공허하게만 느껴질 뿐이다.

실존주의 심리학자 롤로 메이Rollo May는 이런 지독한 외로움을 '침묵shut-up-ness'이라고 명명했다. 이것은 내적인 입막음, 폐쇄와 고립, 외부로 드러나는 일을 극도로 꺼리는 태도 등을 의미한다. 그러나 단 한 사람이라도 그들의 이야기를 진심으로 들어주고 도움과 관심을 주려고 노력한다면, 자살 충동은 금세 사그라진다.

자살과 관심

어떤 사람들은 자살이 아니고서는 도저히 사람들에게 관심을 받을 수 없다고 생각한다. 그들은 자살의 결과를 직시하지 못한 채 환상에 사로잡힌다. 자신을 애타게 찾아다니고, 슬퍼하고, 자신이 소중한 존재였음을 사무치게 깨닫는 주위 사람들의 모습을 상상한다. 또 장례식에 온 사람들이 죄책감에 괴로워하는 모습을 그려본다.

이 모든 생각은 지금까지 경험하지 못했던 관심과 사랑, 이해를 받고자 하는 욕구에서 비롯된다. 이런 환상은 자살의 실제적인 결과를 인식하지 못하도록 방해한다.

자살의 경고 신호

우리는 자살을 미리 알려주는 경고 신호를 종종 제대로
알아채지 못한다. 도움을 간청하는 신호를 미리 발견하
면 큰 사고를 막을 수 있다. 이런 신호를 봤을 때, 소극적
으로 대처하면 안 된다. 단 한 사람이라도 적절한 시기에
적절한 방식으로 개입한다면 그 결과는 엄청나게 달라
질 것이다.

1. 고립

어떤 사람이 지나치게 모습을 감추고, 혼자 시간을 보내
고, 남과 대화하지 않으려고 한다면 주의 깊게 지켜보라.
이것은 절망감을 느꼈거나 대화의 부재에서 온 결과인 경
우가 많다. 일상생활의 흐름을 피하거나 점점 공상 속으
로 빠져드는 것도 이와 유사한 경고 신호다.

2. 자살에 대한 관심

어떤 사람이 자살에 대해 이야기하고, 자살하려는 조짐이

있고, 그런 생각에 몰입되어 있다면 이를 심각하게 받아들여야 한다. 당신은 그저 농담으로 여기겠지만, 입에서 그런 말이 나왔다면 속마음은 이미 그런 생각으로 끓어 넘치고 있는지도 모른다. 이런 사람에게는 특별한 관심과 노력, 보살핌이 필요하다.

3. 수면 장애와 식사 장애

잠을 못 자거나 밥을 못 먹는 것처럼 생존을 위한 기본 활동에 장애를 겪고 있는 사람들은 우울과 불안뿐만 아니라 자살 충동까지 경험하곤 한다. 분명히 이런 사람은 내면에 근심과 혼란이 있으며, 따라서 조심스러운 관리가 요구된다.

4. 주변 사람의 죽음 또는 큰 실패

주변 사람이 (잇따라) 죽거나, 큰 실패와 실망을 겪을 때 몹시 극단적으로 반응하는 사람들이 있다. 그들은 그 사건의 의미를 자신이 더 살아갈 이유가 없다는 식으로 해석한다. 가까운 사람이 죽은 경우, 특히 부부가 사별한 경

우에는 '나도 저세상으로 따라가고 싶다'는 생각을 품기
도 한다.

내 감정을
설계하는 기준

: 부정적인 감정을 다스리고
  고요함을 되찾는 법

01

거울을 보듯
상대방을 대한다

바버라는 누구를 만나든 간에 상대방의 단점부터 찾아내려고 했다. 첫인사가 끝나자마자 이리저리 훑어보고는 옷에 얼룩이 묻었다고 지적해내는 식이었다. 어느 학교에 다녔느냐, 결혼은 했느냐, 직업이 뭐냐……. 그녀는 항상 상대방에게 예민한 질문을 던지는 것으로 대화를 시작했다. 바버라는 이렇게 말했다.

"제 앞에 있는 사람이 어떤 사람인지 궁금할 뿐이에요. 저는 겉모습만 보고 사람을 평가하지 않아요. 그러면 안

된다는 걸 이미 오래전에 배웠죠."

바버라는 남을 너무 믿는 것은 이용당하기 딱 좋은 어리석은 태도라고 확신하고 있었다. 그녀는 상처받지 않기 위해 방어막으로 자신을 감싸고 있었다.

사실, 다른 사람을 평가하는 그녀의 태도에는 또 다른 목적이 숨어 있다. 바버라는 다른 사람을 평가함으로써 자신의 가치를 측정한다. 그녀는 기본적으로 경쟁적인 성격을 지니고 있었으며 다른 사람은 전부 적이라고 생각했다. 다른 사람에게서 단점을 찾아낼 때마다 그녀의 자존심은 높아졌고, 자신이 서로 간의 관계를 좌우할 수 있는 위치를 선점하고 있다는 확신을 얻었다. 바버라는 다른 사람을 평가한 것과 똑같이 자신도 평가받는다는 사실을 깨닫지 못했다.

남을 평가하는 일은 나를 평가하는 일

다른 사람을 바라보는 것은 동시에 자신을 바라보는 행위이기도 하다. 우리는 우리와 똑같은 태도로 우리를 평가해줄 사람을 반드시 만나게 된다.

바버라는 주변 사람들과 거리를 유지했다. 그녀는 친절과 우정과 화합이라는 근본적인 덕목을 무시했다. 그리고 반사적으로 사람들을 적으로 만들었으며, 모든 만남에서 자신이 승리해야 한다고 느꼈다.

바버라는 다른 사람들을 헐뜯는 일에서 기쁨과 활력을 얻었다. 그녀의 평가는 상대방을 흠집 내고 수치심을 유발하는 공격적인 행위나 다름없었다. 그녀는 이런 행동을 통해 자신의 가치가 높아진다고 무의식적으로 느꼈지만, 진실은 정반대였다. 그녀는 전혀 안정적이지 못한 인간관계 속에 놓여 있었다.

말할 필요도 없이, 바버라의 이런 태도는 다양하게 대가를 치러야 했다. 그녀는 잠시도 긴장을 놓을 수 없을 만큼 뿌리 깊은 불안과 위협 속에서 살게 되었다. 바버라는 그것이 외부의 위협이라 느꼈지만, 가장 위험한 적은 바로 그녀 자신이었다.

우리는 다른 사람을 평가할 때 자신에 대한 판단을 투

사한다. 어찌 보면 인간관계는 거울을 보는 것과도 같다. 사람들에게 끌리고, 그들을 평가하고, 그들에게 주목하는 과정 속에는 자신을 바라보는 방식이 그대로 반영된다. 그러므로 다른 사람의 어떤 점을 용납할 수 없다는 말에는, 자신의 삶에서도 그런 점을 받아들이지 않고 있다는 의미가 담겨 있다.

인식이 결과를 낳는다

인식perception은 필연적으로 그에 합당한 결과를 맺는다. 인식 과정을 통해 누구와 만날 것인가 하는 문제뿐만 아니라 앞으로 관계를 어떻게 맺어나갈 것인지도 결정된다. '다른 사람의 성격'에서 어떤 특징을 발견하는 것은 동시에 바로 '내 성격'에서 그 점을 끄집어내는 일이기 때문이다. 마치 '내가 발견한 너의 모습 그대로 존재하라'는 메시지를 상대방의 잠재의식에 주입하는 것과 같다. 주의 깊게 보는 일은 더 자주 일어난다. 다른 사람의 단점을 찾고 토로하고 캐낼수록, 그것은 점점 더 눈에 많이 띌 것이다.

부정적인 인식은 반드시 그 인식자의 내면에서 역효과를 일으킨다. 다른 사람을 극단적으로 깎아내리는 태도는 편집증으로까지 발전할 수 있다. 온갖 상황에서 마주하는 모든 사람이 전부 적으로 보인다. 실제로 편집증에 걸린 사람은 자기 내면의 분노를 다른 사람들에게 투사하고 공격한다. 그들은 다른 사람의 단점을 짚어내고 비방함으로써, '사람은 스스로 창조한 인생을 살게 되어 있으므로 내면의 음울한 부분은 본인 책임'이라는 당연한 진리를 회피한다.

이중적인 판단

마음은 다른 사람을 평가(수용 또는 거부)하거나 다른 사람과의 분리를 만들어내는 일에 사로잡혀 있는 것처럼 보인다. 특히 다른 인종, 국가, 종교, 문화에 속해 있는 사람을 만날 때, 우리는 판단 능력을 100퍼센트 가동한다. 물론 익숙한 사람들과 어울리고 싶은 것은 지극히 당연한 마음이다. 우리는 같은 영역에서 살아가며 상대방의 마음을 즉각적으로 이해할 수 있는 사람들 속에서 친숙함과 안정감을 느낀다. 반면 행동, 외모, 옷차림, 언어가 다른 사람이 등장하면 그 즉시 판단하는 마음이 가동되고 우리는 주변에 두터운 장벽을 세운다.

우리는 온갖 편견, 인종주의, 박해를 만들어낸 이 반사적이고 치명적인 현상을 주의 깊게 살펴봐야 한다. 무조건 다른 사람을 차단하는 마음은 만남, 성장, 사랑이라는 아름다운 가능성의 싹을 잘라버린다.

평가받고 싶지 않으면 남을 평가하지 마라

우리는 다른 사람을 평가하는 일에 탐닉하면서도, '나도 똑같이 평가받지 않을까' 하는 두려움을 느낀다. 우리는 예민해지고 방어적인 자세가 되어 자신의 속마음과 주변 상황을 솔직하게 표현하지 못한다. 그리고 자신이 다른 사람들을 평가한 것처럼, 그들도 우리를 평가하고 있을 거라는 생각에 빠진다. 이런 억측은 건강하고 행복한 삶에 중요한 원천 중 하나인 자연스러운 자기표현을 제한한다. 평가받기를 두려워한다면, 어떻게 진솔한 감정을 자발적으로 표현할 수 있겠는가? 정체되고 억압된 감정들은 온갖 증상으로 왜곡되어 나타날 수밖에 없다. 이렇듯 자기표현을 억압하면, 내적인 흐름과 접촉할 수 없게 되어 자신이 낯설게 느껴진다. 우리를 둘러싼 장벽은 더 두터워질 것이다. 그러나 햇빛과 맑은 공기는 그 벽 너머에 있다.

02
자만심 대신
자부심을 선택하라

대부분의 사람은 남보다 우월해지려는 욕구를 지니고 태어난다. 우리는 자신을 다른 사람들과 수시로 비교하고, 살면서 마주하는 모든 경쟁에서 이겨야만 한다고 생각한다. 그러나 그런 행동이 바로 상대방과 자신에 대한 분노의 표현이라는 사실은 깨닫지 못한다. '다른 사람보다 나아지겠다'라는 생각은 '그들을 계속 내 발아래에 붙잡아두겠다'라는 욕망을 일으킨다. 우리는 그들을 통제하고, 억압하고, 선동하고, 속임으로써 그들이 실패하고 낙담하도록 유도한다. 때로는 그들이 겪는 고난과 손해를 은근히 즐기기도 한다.

많은 사람이 고위층 인사의 사생활을 물고 늘어지고, 험담과 비방에 열중하는 이유는 그 때문이다. 한 유명인이 사회적 기반을 잃고 괴로움을 겪으면 사람들은 안도감을 느낀다. 이제는 그 사람이 자신보다 별로 잘나 보이지 않기 때문이다. 이처럼 다른 사람의 고통에서 즐거움을 느끼는 사람들은 끝없이 남과 비교함으로써 낮은 지위를 벗어나고자 한다.

마리아는 너무 경쟁심이 강해서 젊고 예쁜 여자와는 함께 지내지 못했다. 사무실이든 사교 모임이든, 그런 여자가 눈에 띄기만 하면 마리아는 즉시 자신이 시들어버리는 느낌을 받았다.

"그녀를 빨리 내쫓아야만 했어요. 우리 둘은 같은 공간 안에서 살 수 없어요."

마리아는 반사적인 반응을 보였다. 그녀는 갖가지 방법으로 상대방을 난처하게 만들었다. 사무실에서는 아주 사소한 잘못까지 지적했고, 상사 앞에서는 험담을 늘어놓았다. 마리아는 상대방이 업무에 필요한 정보와 지원도 받지 못하도록 훼방을 놓았다. 그녀는 자신의 지위가 흔들리고 있고, 아무도 자기 자리를 대신할 수 없으며, 자신의 자존심과 우월감이 위협받고 있다는 두려움에 끊임없이 시달렸다.

우리는 어떻게 자신과 다른 사람을 비교하는가?

마리아의 사례는 다소 극단적이지만, 실제로 많은 사람이 가족 관계, 연인 관계, 운동 모임, 사교 모임 등에서 어느 정도는 그와 같은 행동을 보인다는 점에서 충분히 되짚어볼 만하다.

자기보다 잘나 보이는 사람과는 어떤 관계도 맺지 못하는 사람들이 있다. 그들은 자기보다 열등하게 보이는 사람들로 주변을 채우고, 실제로도 사람들을 함부로 대한다. 반면 잘나 보이는 사람에게 접근하여 교묘하게 또는 대놓고 상대방을 끌어내리는 사람들도 있다. 아니면, 외부의 힘을 빌려 자신의 욕망을 드러내는 경우도 있다. 그들은 최고의 팀에 소속되어 다른 팀을 통쾌하게 물리치는 데서 즐거움을 얻는다.

이런 사람들은 각자의 고유한 매력과 재능을 발견하거나 공유하지 못한다. 이들은 불신감 속에서 삶을 적대적으로 바라본다. 이런 식으로 자존심을 충족해온 사람들은 신경질적이고, 초조하고, 긴장한 상태로 자신의 우월감을 지속할 방법만을 쫓아다닌다. 인간관계는 곧 권력 다툼이 되어버린다. 거기에는 어떤 만족이나 평화도 없다.

자만심과 자부심

자신이 다른 사람들보다 우월하고, 매력과 재능과 해답을 갖고 있으며, 세상을 지배할 만한 사람이라고 여기는 것이 바로 자만심pride이다. 다른 사람들은 마땅히 나를 우러러 보아야 하고, 나와 함께 살아간다는 사실에 감격해야 한다. 반대로, 나는 다른 사람들을 함부로 대할 수 있다. 그들이 어떻게 되든 무슨 상관인가?

폭군과 광신도는 물론 성직자, 정치가라고 불리는 사람들에게서도 이런 태도를 쉽게 발견할 수 있다. 그러나 그 뒤에는 자만심에서 우러난 적의와 파괴적 에너지만이 가득하다는 사실을 곧바로 알아차리지 못하는 경우도 있다.

자만심에 빠진 사람은 헛된 관념에 갇혀 거드름을 피우고, 다른 사람의 가치를 무시함으로써 다양한 기회, 가능성, 통찰, 인간관계를 스스로 차단한다. 자만심은 행복의 진정한 원천에서 멀어지게 하고, 자신의 참모습과 소통하지 못하게 만든다. 또한 자신과 다른 사람들의 진정한 가치를 체험할 수 없도록 방해한다.

반면 자부심self-worth은 모든 사람과의 관계 속에서 평화와 기쁨을 느낄 수 있게 해준다. 진정한 자부심을 지닌 사람에게는 다른 사람과의 비교, 상대방에 대한 공격, 우월감 등이 필요하지 않다. 대신, 그는 동질성을 느끼고 공감대를 형성한다.

자신의 진정한 가치가 어디에 있는지 알면, 그 즉시 다른 사람의 가치도 발견할 수 있다. 에머슨의 말처럼, 그런 사람은 '정원에 핀 장미꽃은 모두 저마다 특별한 아름다움을 지니고 있다'는 사실을 깨닫는다. 장미꽃들은 서로 비교하지 않는다. 각각의 장미꽃은 그저 피어남으로써, 자신이 타고난 가치를 실현할 뿐이다.

우월감을 버려라

1. 당신에게 우월감을 느끼게 하는 사람들의 이름을 적어보라. 그들은 누구인가? 당신은 어떤 점에서 그들보다 훌륭한가?

2. 당신보다 잘났다고 생각되는 사람들의 이름을 적어보라. 그들은 누구인가? 그들이 어떤 점에서 잘났다고 느끼는가? 당신은 그들과 함께 있을 때 어떻게 행동하는가?

3. 경쟁심 때문에 만나기 꺼려지는 사람들의 이름

3장 내 감정을 설계하는 기준

을 적어보라. 당신은 왜 그들을 피하는가? 당신은 그들을 어떻게 생각하는가? 그들은 당신을 어떻게 생각할까?

어떤 상황에서든, 우월감이 느껴지는 즉시 그것을 떠나보내고 상대방에게 주목하라. 당신과 상대방의 본모습 사이에 있는 장벽을 발견하라. 당신은 왜 그런 장벽을 세우는가? 아무것도 숨길 필요가 없다. 당신도 훌륭하고 상대방도 훌륭하다.

03

의심을 버리고
분별력을 갖춘다

우리는 너무나 쉽게 의심을 품는다. 우리 마음의 일부분은 상황을 비꼬고 뒤틀어서 암울하고 끔찍한 결과를 상상하도록 부추기곤 한다. 놀이공원에 간 아이들이 아찔한 기구를 타거나 유령의 집을 탐험하면서 스릴을 느끼는 것처럼, 우리 내면에도 최악의 시나리오를 꾸며내고 그것에 집착하게 하는 마음이 있다. 어떤 사람들은 마치 롤러코스터에 탄 것처럼 살아간다. 그들은 천국에 닿을 듯 높이 떠오르다가 별안간 지옥으로 곤두박질친다. 그리고 그들이 밑바닥에서 헤맬 때 의심은 본격적으로 활동한다.

앨런은 좋은 남편이자 유능한 직원, 다정한 친구로 인정받는 사람이었다. 그 전화를 받기 전까지 그의 인생은 모든 것이 순조로웠다.

어느 날 앨런은 전화를 한 통 받았다. 잠깐의 침묵 후에 낯선 남자의 비웃음 소리가 들리더니 전화는 곧 끊어졌다. 처음에는 앨런도 별로 주의를 기울이지 않았다. 그는 단순한 장난전화라고 여기고 하던 일로 돌아갔다. 그러나 몇 분 후 다시 장난전화가 걸려오자 앨런은 불안해졌다. 그는 단순한 장난이 아니라고 생각했다.

'뭔가 있어. 그 웃음소리를 들은 적이 있어.'

앨런은 기억 속에서 그 웃음소리를 더듬었다. 그렇게 곰곰이 생각하며 앉아 있는 동안, 앨런은 전화를 건 사람이 아내와 관련이 있는 것 같다는 느낌을 강하게 받았다.

그 생각은 꼬리에 꼬리를 물고 앨런의 머릿속에서 맴돌았다. 그때 앨런의 귓가를 맴도는 뱀의 목소리가 들렸다.

'네 아내는 바람을 피우고 있어. 그녀는 애들 학교에 육

성회가 있는 날이면 항상 늦게 들어오잖아. 요즘 그녀가 너무 지나치게 운동을 하고 외모를 가꾸는 것 같지 않아?'

앨런은 평정을 되찾을 수 없었다. 그는 아내가 하는 모든 일에 잔소리를 해대며 꼬치꼬치 캐물었다. 앨런은 아내를 미행하고, 이메일을 훔쳐보고, 통화기록까지 입수했다. 아내의 모든 행동에서 부정不貞의 냄새를 맡았고 마침내 사설탐정까지 고용했다.

그러나 앨런의 결혼이 파탄에 이른 것은 탐정의 조사 결과와는 무관했다. 그는 늘 언짢은 표정을 짓고 아내의 말에 대꾸조차 하지 않았다. 자연히 부부관계도 갖지 않게 되었다. 앨런은 맞바람을 피워서 아내에게 복수하겠다는 계획을 세우자 기분이 좀 나아지는 것을 느꼈다.

'어떻게 나를 배신할 수 있지? 아내의 진짜 모습은 대체 무엇일까?'

아내가 바람을 피웠다는 증거를 찾아내지 못했다고 사설탐정이 설득했지만 앨런의 마음은 바뀌지 않았다. 앨런은 자신이 만들어낸 망상에 완전히 사로잡혔다. 아마도 정신과 의사와 심리학자는 앨런을 편집증 환자로 진단할 것이다.

의심에서 편집증으로

앨런의 이야기는 의심이 어떻게 뿌리내리고 순식간에 잡초처럼 자라나 이성理性과 즐거움과 공평함과 균형을 밀어내고, 급기야 타인에 대한 강한 망상으로 바뀌는지 극명하게 보여준다. 의심이 변해서 된 망상 속에 사는 사람은 자신이 비밀스러운 음모의 희생양이라고 여기곤 한다. 마음은 곧 상처와 분노로 채워지고, 그는 어긋난 상황을 되돌리기 위해 나름의 계획을 세운다.

이런 망상이 매우 심각한 경우에는 현실감각이 무너져 편집증이라는 증상이 나타난다. 편집증 환자는 다른 사람이 몰래 사악한 일을 꾸미고 있다는 생각 때문에 아무도 믿지 않는다.

편집증은 주로 똑똑하고 유능한 사람에게 나타난다. 따라서 그들이 이런 망상 속에서 살아왔고 온 세상을 불신하고 복수심에 불타고 있다는 사실을 알게 되면 주변 사람들은 대부분 깜짝 놀란다. 그들이 자신을 보호하고 앙갚음을 하기 위해 얼마나 오랫동안 준비해왔는지 알게 되면 놀라움은 극에 달한다.

심리학 관점에서 보면, 앨런은 자신의 두려움을 아내에게 투사한 것이다. 앨런은 그 두려움이 진짜 현실인 양 행동했다. 수상한 느낌에 마음이 뒤흔들리자 잠재되어 있던 의심, 두려움, 불안감이 곧 자라났다. 앨런은 자신의 '느낌'과 진짜 '현실'을 구별하는 능력을 잃어버렸다.

이렇듯 편집증 환자는 내면의 두려움과 분노를 다른 사람에게 투사한다. 그들은 다른 사람을 한편으로 두려워하고 다른 한편으로는 공격하면서, 스스로 복수를 하고 있다고 생각한다.

1. 의심과 애정 관계

예측할 수 없는 의심은 연인을 헤어지게 만들기도 한다. 사랑하는 사람끼리는 서로 단점을 드러낼 수밖에 없다. 따라서 연인은 상대방이 자신을 떠나버릴까봐 걱정한다.

자신에게는 관계를 지속시킬 만한 매력이 없다는 두려움
과 불안에 시달리는 사람도 많다.

이런 의심이 심각하게 뿌리내리면, 그 두려움과 불안은
오히려 상대방에게 투사된다. 의심하는 사람은 상대방이
자신을 함부로 대하고, 다른 사람을 더 좋아하고, 자신과
헤어지려 한다고 믿어버린다. 그런 의심이 심해질수록 파
괴적인 결과는 늘어만 간다.

2. 의심과 사회생활

의심은 사회생활에서도 치명적인 문제가 될 수 있다. 극
도의 경쟁 속에 살아가는 사람들은 누군가 자신의 자리를
위협한다고 느끼는 경우가 많다. 그들은 아무도 믿지 않
고, 조직의 일원으로서 능력을 발휘하기보다는 자기 자리
를 지키는 데만 집착한다. 사무실은 낯선 곳, 아무 즐거움
도 없는 곳으로 변해버린다.

경쟁 회사를 지나치게 두려워하는 사람도 있다. 산업스
파이를 색출하는 데 혈안이 된 사람이 있는가 하면, 동료
의 입사 목적을 끈질기게 추궁하는 사람도 있다(주로 이성

동료를 의심하는 경우가 많다). 어쨌든 의심이 오가는 곳에서는 분쟁이 생길 수밖에 없다. 위험을 감지하고 인식하는 것과 의심에 빠져드는 것은 엄청난 차이가 있다. 인식은 중립적이고 선명한 정보를 제공해주지만 의심은 신뢰와 선의를 파괴한다.

의심 때문에 생긴 갈등을 해소하는 법

자기편이 아니라고 생각되는 사람들의 이름을 적어보라. 그 이유도 함께 적으라. 그것을 하나의 목록으로 만들라. 그러고 나서 의심을 하게 된 이유 옆에 상대방의 행동에 대한 다른 해석을 적어보라. 그 상황을 다르게 해석해보라.

우리는 실제로 벌어진 일에 반응하는 것이 아니라 우리의 해석에 반응한다. 이미 되돌릴 수 없는 상황이 벌어졌더라도, 상황에 대한 해석은 바꿀 수 있다.

3장 내 감정을 설계하는 기준

긍정적인 해석을 택하라. 상대방을 이해하는 방향으로 해석하라. 제 발로 당혹스러운 상황으로 걸어 들어갈 이유는 전혀 없다.

이는 당신이 지금 현실을 부정하고 그럴듯한 해석을 지어냄으로써 진실에서 도망친다는 뜻이 아니다. 다만 사람들이 항상 현실을 직시하는 것은 아니며, 습관적으로 의심에 빠지는 경우가 있다는 사실을 잊지 말라는 것이다. 머릿속으로 생각을 지어내지 말고 현실을 먼저 확인하라. 당신에게 신경 쓰이는 행동을 한 상대방에게 연락하라. 그와 약속을 잡고 직접 만나서 질문하라. 의심하지도, 비난하지도, 책임을 묻지도 말라. 우선은 그 사람을 만나서 무엇이 진실인지 알아보라. 이렇게 중립적인 태도로 상대방과 대화하는 것이야말로 이런 상황에서 취할 수 있는 최선의 선택이다.

물론 신중하고 정직하고 공정한 태도를 갖추고 상대방에게 입장을 표현할 기회를 주었는데도, 결국 그가 믿지 못할 사람이라는 확신이 들 때도 있다. 믿지 못할 사람과 억지로 관계를 지속하려는 노력은 부조화와 불안만을 가져다준다. 당신은 자신을 위해 건설적인 선택을 할 권리가 있다. 불필요한 의심을 제거하고 상황을 명확하게 파악했다면, 당신은 어떤 상황과 사람을 선택해야 옳은지도 알 수 있을 것이다. 이제 당신은 망상이 아니라 '지혜로운 분별력'에 따라 선택할 수 있다.

04

당신은
성공을 누릴 가치가 있다

자기 방해self-sabotage는 업무든 인간관계든 어떤 일이 잘 되어갈 때 스스로 그 일을 망쳐버리는 것을 말한다. 상당히 기묘한 현상이지만, 뜻밖에도 매우 흔하게 일어난다. 자기 방해는 의식적이든 무의식적이든 자신을 해치는 행위다.

왜 자기 방해를 일으키는지 이해하기는 쉽지 않다. 자기 방해의 함정에 빠진 사람은 자신이 어떻게 상황을 헝클어뜨렸는지 깨닫지 못하며, 따라서 그것을 개선하지도 못한다. 그들은 잘 진행되던 일이 왜 자꾸만 어긋나는지 이해하지 못한다.

마크는 어떤 일을 맡겨도 멋지게 처리해냈다. 그는 직장을 옮기고, 시스템을 구축하고, 새 친구를 사귀는 등 탄탄대로를 달리는 것처럼 보였다. 마크는 손쉽게 판매실적을 올렸으며 동료와 상사에게 칭찬과 격려를 받곤 했다.

여섯 달이나 좋은 일이 계속 이어지자, 마크는 불안해졌다. 그는 약간 기분이 들떴을 뿐이라고 느꼈지만, 그것은 사실 불안감이었다. 마크는 아내에게 일이 지겨워졌다고 말했다. 그는 일에서 불만거리를 계속 찾아냈고, 퇴근 후에는 친구들과 술을 마시거나 영화를 보러 다녔다. 귀가시간은 점점 더 늦어졌고 아내는 뭐가 문제인지 알 수 없었다. 아내는 마크에게 여자친구가 생겼다며 의심했고, 결혼 생활은 곧 흔들렸다.

마크는 직장에서도 중요한 전화 통화를 잊어버리거나 업무를 꼼꼼히 점검하지 않는 등 예전과 다른 모습을 보였다. 그러나 마크는 실적이 낮아질수록 다른 사람이나 다른 조건을 이유로 들었다. 아내가 그의 잘못된 행동을 하나하나 지적했지만, 그는 아내의 말뜻을 조금도 이해하지 못했다. 마크는 자기 방해에 사로잡혀 있었기 때문이다.

성공에 대한 두려움

자기 방해는 많은 요소와 관련되어 일어난다. 그중에서도 성공에 대한 두려움이 가장 큰 원인이다. 정작 자신은 잘 깨닫지 못하지만, 실제로 많은 사람이 업무와 인간관계에서 성공한 자신의 모습을 용납하지 못한다. 어떤 사람들은 자신이 성공할 만한 가치가 없는 사람이라고 여긴다. 그들은 남모르는 죄책감과 수치심을 느끼고, 목표를 달성하거나 경쟁에서 이기지 못하도록 스스로 훼방한다.

어릴 때부터 부모와 친구와 교사에게 무시당해온 사람들도 있다. 주변 사람들의 신랄한 말은 마치 독화살처럼 당사자의 마음 깊은 곳에 박힌다. 그들은 그 말을 곧이곧대로 믿고 평생 밝은 곳을 피해 다닌다.

한편, 성공 자체가 위험하다고 생각하는 사람들도 있다. 이들은 행복과 풍요와 성공을 누릴수록 남에게 미움을 받는다고 믿는다. 이들은 항상 다른 사람이 자신을 질투하고 시기할까봐 두려워한다. 또는 다른 사람들보다 좋은 것을 누릴 때마다 죄책감을 느낀다.

마지막으로 실패를 통해 비뚤어진 즐거움을 얻는 사람들도 있다. 예를 들어 어떤 남자는, 가족이 성공한 가장을 바라보는 기쁨을 누리지 못하도록 일부러 실패하는 길을 택한다. 그들은 스스로 실패함으로써 가족에게 벌을 가하고, 가족이 자신의 성공으로 인한 열매를 기대할 수 없도록 상황을 조성한다.

자신에 대한 공격

분노와 좌절을 외부로 표현하지 못하거나 그런 감정을 품고 있다는 현실 자체를 인정하지 못하는 사람들은, 그 화를 자기에게 표출할 수밖에 없다. 그들은 다양한 방법으로 자신을 괴롭히지만 그것이 자기 방해라는 사실을 깨닫지는 못한다.

질 나쁜 친구 사귀기, 어울리지 않는 직업 택하기, 발목 잡히는 상황에서 벗어나지 않기, 자신을 무시하는 사람들과 계속 어울리기, 해결할 수 없는 문제에 무모하게 도전하기, 적절한 치료를 받지 않겠다고 고집 피우기, 건강하지 못한 식생활, 무리한 운동, 청결하지 못한 환경을 개선하지 않기 등은 자신에 대한 공격이라고 볼 수 있는 행동들이다. 어떤 사람들은 거절당하기에 딱 알맞은 방식으로 행동하거나, 교묘하게 상대방의 화를 돋운다. 아니면 중요한 순간에 도망가거나 약속을 깸으로써 다른 사람의 기대를 저버린다.

수동 공격

수동 공격passive-aggression은 인간관계를 놀라울 정도로 쉽게 파괴해버린다. 그것은 가해자를 친절하고 침착하고 건실한 사람처럼 보이게 하고, 오히려 피해자를 불만과 분노에 싸인 악랄한 사람처럼 만들어버리는 특징이 있다.

수동 공격을 가하는 사람은 자신의 감정과 분노를 적절히 표현하는 게 아니라 '하지 않음do not do'으로써 교묘하게 드러낸다. 그들은 중요한 시기에 자리를 비우거나, 남의 권리를 인정하지 않거나, 요청받은 일을 미루다가 뒤늦게 끝마치곤 한다.

수동 공격을 일삼는 남편은 아내의 부탁을 못 들은 것처럼 연기하거나, 그 부탁의 의미가 사라진 뒤에야 수락할 것이다. 그러니 아내는 간곡하게 당부하거나 귀찮을 정도로 잔소리를 하는 수밖에 없다. 그러나 남편은 아내가 항상 닦달하고 채근하기 때문에 그 일을 제대로 하지 못했다며 오히려 아내를 탓할 것이다. 그는 아내에게 적절하게 반응하지 않는 바람에 아내를 힘들게 했다는 사실을 깨닫지 못한다.

수동 공격은 상대방뿐만 아니라 자신까지도 해치는 심각한 자기 방해 행동이다. 그들은 자신에게는 아무 책임도 없으며, 모든 결과는 오직 상대방 때문에 생겨났다고 여긴다. 그러나 자기 행동과 감정에 대한 책임을 회피함으로써 모든 일을 망치는 사람은 바로 자신이다.

중독은 정말로 삶을 파괴한다

이 책 전부를 중독 현상에 관한 내용으로 채울 수도 있겠지만, 그런 책은 다른 곳에서도 쉽게 구해볼 수 있다. 여기서는 중독이 삶을 파괴하는 데 결정적인 역할을 한다는 사실에만 초점을 맞추어 간략히 살펴보겠다.

알코올, 마약, 도박, 일, 성性, 사랑 등 대상이 무엇이든 중독이 건강과 기쁨과 성공을 파괴한다는 사실에는 변함이 없다. 중독자는 대상에 대한 집착을 통제할 수 없을 뿐만 아니라 삶의 전반적인 방향까지도 잃어버린다. 모든 생각과 에너지와 시간과 돈이 중독물질을 갈망하는 일에 소모된다. 그들은 탐닉으로 인해 현실의 다양한 모습을 발견할 수도, 충만하고 건강하게 삶을 꾸려나갈 수도 없다.

중독에 빠지는 이유를 한두 가지로 말할 수는 없지만, 중독은 현실의 삶에서 물러나 즐거움을 찾는 일에서 시작되는 듯 보인다. 그들은 까다로운 문제에서 도피할 수 있는 세계(중독물질) 속으로 끌려 들어간다.

그러나 그 쾌락은 금세 독약으로 변한다. 처음에는 세상 전부를 얻은 듯한 기분을 선사하지만, 곧 모든 것을 빼앗아간다. 진정한 해결책을 찾는 대신 중독에 빠지는 것은, 잔인한 적에게 자신을 내맡기는 행위와 다르지 않음을 잊지 말아야 한다.

05

자존감이 낮다는 말은
늘 거짓이다

많은 사람이 낮은 자존감^{self-esteem}에 시달린다. 어색함, 수
줍음, 자신에 대한 불신, 수치심 등 자신을 향한 여러 부정
적인 감정이 여기에 속한다. 낮은 자존감을 화의 한 형태
로 풀이하는 데 의구심을 가질 수도 있다. 낮은 자존감은
다른 사람과의 비교, 실패 경험, 많은 비판과 질책 등을 통
해 얻어진 '현실적인' 자기 평가처럼 보이기 때문이다. 또
는 낮은 자존감을 겸손함의 표현이라고 생각하는 사람들
도 있다. 그러나 그 둘은 다르다. 진정한 겸손은 건강하고

활기 넘치지만, 낮은 자존감은 그렇지 않다.

레이첼은 정말 열심히 살아왔지만 한 번도 자신을 이겨
본 적이 없었다. 복잡한 계획을 달성했을 때도 성공을 즐
기기보다 실수한 부분에만 매달렸다. 그녀는 전체를 보지
못하고 사소한 잘못에 집착했다. 더 잘할 수 있었다는 생
각에서 벗어나지 못했다. 심지어 더 나은 해결책을 발견
하지 못한 자신을 '바보'라고 부르고 혐오했다.

이런 행동은 직장생활과 인간관계에서도 그대로 나타
났다. 레이첼은 더 나은 결과를 위해 끊임없이 일하고 또
일했다. 또한 모든 희생을 감수하지 않으면 곧바로 남자
친구가 자신을 떠나버릴 거라는 생각 때문에 비참한 기분
을 느꼈다. 그리고 그녀의 예상대로 남자친구는 떠났다.
누구도 그렇게 낮은 자존감을 갖고 있는 사람과 사귀고
싶지는 않을 것이다.

두말할 필요도 없이, 레이첼이 했던 생각은 전혀 현실과
달랐다. 그녀는 일에서도 사랑에서도 전체적인 시야를 갖
지 못했다. 그 대신 실패한 경험만을 보았다. 레이첼은 낮

은 자존감으로 인해 실패한 경험만을 곱씹으면서 자신을 처벌했고, 계속 가혹한 평가를 유지했던 것이다.

자존감은 어떻게 낮아지는가

조금만 주의 깊게 들여다보면, 우리는 자신을 타인처럼 대한다는 사실을 알 수 있다. 우리는 자신에게 관대할 수도, 가혹할 수도 있다. 또는 칭찬하거나 헐뜯을 수도 있다. 자신을 어둠 속에 방치하거나 부정적인 생각으로 괴롭힐 수도 있고, 격려하거나 달랠 수도 있으며, 긍정적인 태도로 자신을 치유하는 방법을 모색할 수도 있다. 그 모든 선택은 오로지 자신에게 달렸다.

우리의 일부분은 우리의 행동, 생각, 희망을 지켜보고, 가차없이 판단한다. 이 과정에서 우리의 정체성, 가치, 할수 있는 것과 할 수 없는 것이 결정된다. 그 관찰자는 폭군이 될 수도 있다. 그것은 음지에서 해석을 시도하고, 책망하고, 불평하고, 흠을 찾아내는 일을 즐기곤 한다. 다른 사람에게는 항상 부드럽고 상냥한 태도를 보이는 사람이, 정작 자신에게는 그렇지 못한 경우가 많다.

이렇듯 스스로 가장 위험한 적이 되는 경우에는 그 함정을 벗어나기가 매우 힘들다. 위대한 신학자 폴 틸리히 Paul Tillich는 "우리는 자신을 파괴하고자 하는 힘 아래에서 살아간다"고 말했다. 그 힘은 바로 낮은 자존감을 초래하는 우리의 일부분(관찰자)을 뜻한다.

낮은 자존감과 순종

낮은 자존감은 매우 다양한 방식으로 우리의 삶과 행동에 영향을 미친다. 자존감이 낮은 사람들은 지나치게 순종적인 성격을 갖기 쉽다. 그들은 자신의 생각, 희망, 꿈이 무의미하다고 생각하고 스스로 가치 없는 존재라고 여긴다. 그 대신 권력, 권위, 통제력을 갖춘 사람을 찾아 그의 추종자처럼 행동한다. 그들은 이렇게 자신의 실체와 능력, 재능에서 멀어진다.

그들은 순종적으로 행동하지 않으면 인간관계를 잃게 될까 두려워하지만, 정작 자신을 잃고 있다는 사실은 깨닫지 못한다. 그들은 의존적인 성격을 발달시키고 외부에서 힘과 지혜를 주입받고자 한다. 그러나 불행하게도 그들이 의존하는 대상은 호시탐탐 그들에게서 이득을 챙기려고 하며, 그들의 낮은 자존감을 부채질할 뿐이다.

낮은 자존감과 절망감

낮은 자존감은 자연스럽게 절망감을 키운다. 절망감이 우울증의 한 증세라고 주장하는 사람도 있지만, 좀 더 주의 깊게 들여다보면 절망감은 낮은 자존감의 직접적인 파생물이라는 사실을 알 수 있다. 자신의 인생 또는 이 세상에 대해서 절망했다는 말은, 자신에게는 변화를 일으킬 만한 힘이 없다는 무력감의 다른 표현에 불과하다. 무력감을 느끼고 절망에 빠지는 이유는 그들이 용기와 방향성, 삶의 의미를 갖추지 못하고 있기 때문이다.

그들은 줄곧 자신의 느낌과 신념을 축소해왔다. 다른 사람들의 비위를 맞추기 위해 오랜 세월 자신을 왜곡시켜왔기 때문에, 자신의 순수한 가치와도 접촉하지 못했다. 또한 그들은 이 지구상에 있는 모든 만물은 함께 나눌 만한 가치를 지니고 있다는 사실을 잊었다. 이렇듯, 낮은 자존감은 자신을 공격하고 무너뜨린다.

 나에 대한 부정적인 생각 버리기

낮은 자존감이 거짓에 불과하다는 사실을 깨닫는 일은 매우 중요하다. 우리는 살면서 이런저런 실수를 하지만, 그럼에도 여전히 귀중한 존재다. 당신이 자신에 대해 부정적인 생각을 갖고 있을 때 그것은 주로 어떤 거짓말인가? 그 생각은 정녕 진실인가? 당신은 다른 사람도 그와 같은 기준으로 평가하는가? 당신은 정말로 그처럼 구제불능인가? 당

3장 내 감정을 설계하는 기준

신은 정말로 스스로 처벌을 받고 속죄해야만 하는 사람인가?

당신이 스스로 지독하게 싫어하는 점, 지긋지긋하게 생각하는 점을 적어보라. 그 이면에 흐르는 부정적인 대화를 찾아보라. 우리는 대개 내적인 대화를 통해 고통스러운 생각을 유지한다. 그런 생각과 단어들이 당신의 행동에 어떤 영향을 미치는가? 낮은 자존감 때문에 당신 삶의 질은 얼마나 손상되었는가?

1. 자신에게 호의적인 기분을 느낄 때, 당신은 어떤 행동을 하겠는가? A라는 목록으로 정리해보라.
2. 자존감이 충분히 높은 상태에서, 당신은 어떤 행동을 멈추겠는가? B라는 목록으로 정리해보라.

A목록에 적은 행동 중 하나를 실천하고, B목록의 행동 중 하나를 중단하라. 마음의 평정이 유지될 때까지 반복하라. 어떤 기분이 들더라도 멈춰서는 안

된다. 약간의 성장통을 이겨낼 수 있다면, 오래지 않아 당신은 새로운 행동에 익숙해질 것이다. 당신은 더 이상 소극적이지 않다.

06
거짓말만 하지 않아도
삶은 풍요로워진다

마음속의 상처와 고통은 배신감에서 비롯된다. 배신의 경험은 인간관계의 밑둥치를 깎아낼 뿐만 아니라 자신을 믿지 못하는 원인이 되기도 한다. 우리는 성숙하거나 똑똑하지 못해 속임을 당했다는 죄목으로 먼저 자신을 비난한다.

기만은 신뢰라는 삶의 토대를 부순다. 가족과 배우자 또는 교회와 학교의 지인 등 믿었던 사람에게 배신을 당하게 되면, 우리는 그 상대방뿐만 아니라 그와 관련된 모든 사람을 믿지 못하게 된다. 우리는 그 단체에 속한 구성원 전부가 사기꾼이라고 단정한다. 그 단체에서는 더 이상 좋은 점이 발견되지 않는다.

기만 행위는 상대방에게 쓰디쓴 괴로움을 안겨줄 뿐만 아니라 삶의 의미를 퇴색시키고 의욕마저 꺾어버린다. 신뢰의 마음을 짓밟힌 사람은 다시는 그런 일이 없기를 바라므로, 결국 무엇을 믿어야 할지 혼란스러운 처지에 놓일 수밖에 없다.

카멜라는 남편을 굳게 믿었고 모든 정성을 다해 아이들을 보살폈다. 남편의 귀가 시간이 점점 늦어졌어도 그저 회사 일이 바쁘겠거니 하고 생각했다. 남편이 주말에도 집에 오지 못할 때면, 그녀는 아이들을 데리고 친척집을 방문하곤 했다. 심지어 그녀는 남편이 깊은 밤에 전화받는 모습을 보고도 스스로 그럴듯한 이유를 찾아내고 또 믿었다. 마침내 여섯 달이 지난 어느 날, 카멜라를 더 이상 두고 볼 수 없었던 한 친구가 그녀를 점심 약속에 불러냈고 지금 남편이 바람을 피우고 있다는 사실을 알려주었다. 그녀는 큰 충격을 받았다.

"나는 바보야."

그녀는 한숨을 쉬었다.

"너는 바보가 아냐."

친구는 그녀를 위로했다.

"넌 남편을 너무 믿었을 뿐이야."

이 안타까운 이야기는 결국 한 가정이 깨지고 나서야 끝이 났다. 여기서 중요한 점은 카멜라가 남편에 대한 믿음만 잃은 것이 아니라 남자, 결혼, 인간관계는 물론이고 자신에 대한 신뢰까지 잃어버렸다는 사실이다. 그것이 회복되는 데는 무척 오랜 시간이 필요했다.

기만의 종류

기만deception은 변장을 하고 다양한 모습으로 나타난다. 사기cheating는 가장 흔하면서도 위험한 기만 행위다. 대부분의 사람은 사기당하지 않기 위해 늘 조심한다. 그러나 우리 모두가 해본 적이 있고 속아본 적도 있는 또 다른 형태의 기만이 있다. 그것은 바로 '사소한 거짓말white lie'이라 불리는 행위로서, 위험하기는 마찬가지지만 사람들은 이것을 사기만큼 심각하게 여기지 않는다. 너무나 당연한 듯이 우리는 거짓말을 하고, 현실을 과장하고, 그럴듯한 이야기를 꾸며낸다.

내기, 속임수, 지키지 못할 약속 등도 다른 사람을 기만하는 행위다. 우리는 공적인 장소에서도 다른 사람의 신뢰를 곧잘 파괴한다. 내기를 할 때 우리는 속임수를 쓰고 있는 자신의 모습을 자각하지 못한다. 그러나 그것이 혼란을 일으키고 균형을 해치는 행위라는 사실에는 변함이 없다. 이런 형태의 기만은 견제를 받지 않는 동안 서서히 몸에 배고 축적된다. 결국 습관이 되어버린 기만은 삶을 마비시키고, 건강과 성공을 누릴 수 없게 만든다.

1. 위선

위선적인 사람은 말과 행동이 다르다. 그는 자신의 본모습을 가면 속에 감춘다. 옷차림새, 행동, 말투와 뛰어난 화

술로 상대방과 자신을 동시에 속인다. 위선자 중 일부는 완전히 길을 잃은 나머지 진짜 자기 모습도 기억하지 못한다. 또한 극에 달한 위선은 모든 일에 무조건 반대하는 행동으로 나타나기도 한다. 이런 반사회적인 사람들은 다른 사람의 눈을 속임으로써 개인적인 욕구와 소망을 실현하고자 한다. 그들은 자신에게 걸맞지 않은 명예, 환호, 부를 원하며 영웅으로 추앙받고자 한다. 그러나 스스로 능력을 갖추기보다는 다른 사람에게서 훔쳐내는 방식을 택한다. 위선자를 조심하라. 또한 자신이 위선자가 되지 않도록 주의하라.

2. 거짓말

우리는 자신과 다른 사람들에게 많은 거짓말을 한다. 그 사실을 인정하는 것이 무엇보다 중요한데, 우리는 거짓말로 인해 자신의 본모습, 존재의 이유, 인생의 의미와 즐거움을 찾는 법을 잃어가기 때문이다. 거짓말을 하는 것은 스스로 환상 속에 갇히는 것과도 같다. 우리는 방향 감각을 잃고 지금 이 순간의 현실을 바로 보지 못한다. 진실과 접촉하지 못하면 거짓말과 기만행위가 늘어난다. 오히려 그것이 실제인 것처럼 보이고, 우리 자신과 상대방 모두는 점점 더 큰 위험에 노출된다.

단지 진실을 말하지 않는 것뿐만 아니라, 과장되고 혼란스럽고 이중적인(암시적인) 대화법도 거짓말에 포함될 수 있다. 또한 무언의 표현, 즉 상대방에게 감정을 전달할 수 있는 특정한 행동들도 이에 포함된다. 입을 꾹 다물고 대화를 거부하는 것도 거짓말에 포함될 수 있다. 여하튼 자신의 본모습을 억누르는 것은 어떤 식으로든 상대방을 속이는 짓이다.

그 밖에도 일을 축소하거나, 일부분을 빼놓거나, 발뺌을 하거나, 없는 것을 있는 척 꾸며대는 것은 모두 거짓말의 일종이다. 종종 우리는 우리 자신에게도 거짓말을 한다.

눈앞의 현실을 있는 그대로 보고 받아들이려면 큰 용기와 정신력이 뒷받침되어야 한다. 그런 힘을 기를 때 거짓말을 해야 할 이유는 사라진다.

3. 도둑질

도둑질도 흔히 볼 수 있는 기만 행위 중 하나다. 다른 사람의 물건을 취하는 일은 직접적인 형태의 기만 행위이자 공격 행위다. 그것은 상대방에 대한 노골적인 습격이다. 우리는 도둑질이 단지 어떤 사람의 소유물을 빼앗는 행위 그 이상임을 알아야 한다.

도둑질은 상대방의 시간, 에너지, 동정심, 집중력, 인간관계, 친구, 삶에 대한 열정까지 빼앗는 행위다. 도둑질에는 여러 방식이 있다. 위선 역시 상대방에 대한 존경 또는 감탄을 빼앗는 일종의 도둑질이다. 많은 사람이 이런 행위를 하면서도 그 사실을 깨닫지 못하고 있다. 우리는 이런 행위의 실체를 반드시 알고 중단해야만 한다.

07

사람은 지배하거나
통제할 수 없다

인생이 많은 도전과 가능성, 뜻밖의 상황으로 채워져 있
다는 사실을 고려해볼 때, 어떤 대상을 통제하려는 마음
은 지극히 자연스러운 욕망처럼 생각된다. 우리는 자신
과 다른 사람, 외부에서 벌어지는 사건을 마음대로 통제
할 때 탄탄하고 성공적인 삶을 누리게 될 것이라는 환상
을 갖고 있다. 그러나 불행하게도 진실은 정반대다. 움켜
쥐고 매달리고 조작하려 애쓸수록, 우리의 삶은 점점 더
통제할 수 없게 된다.

특히 인간관계 속에서 취약함을 느끼거나 감정이 격해졌거나 큰 갈등에 봉착했을 때, 우리는 통제하려는 욕망을 강하게 느낀다. 처음에 그것은 상대방의 일거수일투족을 알아내고, 해야 할 것과 하지 말아야 할 것을 일일이 지시하는 일종의 '소유욕'처럼 보인다. 그러나 소유만으로는 부족하다. 통제의 욕망은 더욱 강하게 분출된다. 통제의 욕구는 '다른 사람들이 나에게 속해 있다', '나는 그들의 선택 혹은 그들의 인생 자체를 이끌어줄 권리를 갖고 있다' 같은 관념을 동반한다.

지배자와 피지배자는 둘 다 자유롭지도, 안락하지도 않다. 지배자는 상대방에 대한 사랑 또는 더 좋은 결과를 위해 그들을 돕는 거라고 말하겠지만, 통제의 욕구는 오직 두려움과 분노의 발현일 뿐이다.

사랑은 언제나 상대방을 존중하고 존경하게 한다. 그리고 상대방이 스스로 존재하면서 변화하고 발전할 수 있도록 기회를 마련한다. 사랑은 상대방의 인생을 지배하는 것이 아니라 고양하는 것이다.

그러나 어떤 사람들은 진실로 통제받는 상황을 즐긴다.

그들은 권위적이고 집착하는 상대방의 모습을 보면서 자신이 보호받고 있다고 느낀다. 이것은 정말 위험한 착각이다. 한 개인이 다른 사람을 지배하는 것은 언제나 지배자의 이득, 즉 안전과 안도감을 위해서다.

타라는 로버트와 한 해를 사귀고 나서야 자신이 심각하게 구속받고 있다는 사실을 깨달았다. 처음에 로버트는 회사에 별일이 없는지, 누구를 만났는지, 어떤 동료와 함께 바에 갔는지 등을 드문드문 물어보는 정도였다. 그러나 머지않아 로버트는 점점 더 노골적으로 캐묻고 간섭했다. 그는 타라가 정해진 시간에 집에 들어오기를 바랐다. 그녀가 늦는 날에는 화를 냈다. 이것은 단지 불안감이 커졌기 때문이 아니라, 그녀의 행동과 시간을 통제하고자 하는 욕구가 실현되지 않았기 때문에 나타난 행동이었다.

로버트는 타라를 사랑하기 때문에 그녀와 항상 함께 있고 싶어서 그러는 거라고 말했다. 처음에는 타라도 우쭐한 기분을 느꼈다. 그러나 타라는 점점 더 숨이 막혔다. 로버트의 허락 없이 돌아다니는 것이 무서워졌고, 단 몇 분이라도 늦게 집에 도착할까봐 항상 신경이 곤두섰다.

통제의 역동성

통제에서 벗어나려 할수록, 통제를 하려는 욕구가 많이
일어난다. 다른 사람이나 상황을 통제할 수 있게 되면 권
력과 권위를 얻은 듯한 기분을 느끼고, 이 세상이 안전하
고 고정된 상태로 머무는 것처럼 여겨진다. 그러나 통제
가 늘어날 때마다, 그 통제 대상의 고유한 가치가 훼손될
뿐만 아니라 통제자의 에너지도 점차 고갈된다.

통제control와 지배domination는 중독될 수도 있다. 통제의
욕구는 멈추기가 어렵다. 그것은 자신이 세상에서 가장
유능하고 힘 있는 존재가 된 듯한 느낌을 공급하기 때문
이다. 그 느낌에 중독된 사람들은 즐거움을 유지하기 위
해 점점 더 많은 것을 통제하고 지배하려고 한다. 머지않
아 그들은 눈에 띄는 모든 것을 손안에 넣으려는 폭군이
되어버린다.

그러나 그 모든 것은 붕괴될 수밖에 없다. 그들은 자신이 나약함과 애정 결핍에 시달려왔다는 사실에 직면한다. 또한 그들은 혼란스럽고 무질서한 것처럼 보이는 세계 속에서 길을 잃는다.

지배에 대한 두려움

통제의 욕구를 부추기는 또 다른 강력한 원인은 지배받는 것에 대한 두려움이다. 우리는 통제받기를 원하지 않는다. 다른 사람이 내 삶에 대해 이러쿵저러쿵 간섭하는 것을 바라지 않는다. 우리는 다른 사람들에게 인정과 지지를 받고 싶어하면서도 그들에게 지배당하게 될까 두려워한다. 이런 부조화를 해결하는 방법 중 하나가 바로 그들을 먼저 지배해버리는 것이다. 우리는 다른 사람들을 지배함으로써 자유를 얻을 수 있다고 생각한다. 그러나 반대로 지배당하는 그 사람들에게 우리 자신이 얽매이고 속박당하게 된다.

안전에 대한 갈망

안정되고 안전한 세상에서 살고 싶다는 욕구는 모든 인간이 갖고 있다. 인간은 이 욕망을 실현하기 위해 어떤 일도 할 수 있다. 통제의 욕구 역시 안전에 대한 갈망에서 솟아난다. 수많은 고뇌, 불안, 우울도 이런 내적 안정감의 부재에서 그 뿌리를 찾을 수 있다.

이런 증상들은 우리가 존재의 중심 위에서 살아가지 못할 때 발생한다. 안전에 대한 갈망을 에고, 돈, 인간관계, 아름다움, 소유물 등으로 충족시키려고 할 때 인생은 침체의 늪에 빠진다. 그러므로 외부의 상황과는 관계없이 늘 한결같은 내적 안정감을 유지하는 일이 절대적으로 중요하다.

08

인생에서 진정한 적이
누구인지 고민한다

많은 사람이 적에게 둘러싸인 채 살아간다. 그들은 적을 안전과 안정, 안락함을 파괴하는 위협적인 세력으로 본다. 그리하여 적군의 틈새에서 버티는 법을 익히거나, 적에게 대항하는 전략을 세우는 데 평생을 소비한다. 꿈을 이루거나 가치 있는 일을 실현하기보다 적으로부터 자신을 방어하는 데 힘을 쏟는다. 진짜 적인가, 가상의 적인가 하는 문제는 중요치 않다. 그들의 지상 목표는 안전을 획득하는 것뿐이다.

그들은 적에게 많은 주의를 기울이기 때문에 새로운 활동, 사귐, 배움, 성장, 발전 등 위험요소를 포함한 모든 변화에 지레 겁을 먹는다. 그들은 확장이 아니라 오직 모든 것을 제자리에 유지하기 위해 살아간다. 그들의 삶에는 언제나 다양한 위험요소가 존재한다. 때로는 아주 사소한 일이 빌미가 되어 만사가 뒤엉키기도 한다.

테미는 수년간의 노력 끝에 마음에 쏙 드는 남자 피터를 만났고 그와 사랑에 빠졌다. 피터는 테미의 어머니가 '횡재했다'라고 표현할 만큼 매력적이고 지적이고 능력 있는 남자였다. 테미는 큰 행복을 느꼈다. 그녀는 매일 감사한 마음을 가졌고, 친구들에게 애인을 자랑했다.

시간이 흘러 두 사람이 서로에게 익숙해지고 나자, 피터는 일주일에 한두 번씩 늦게 들어왔다. 그것은 피터의 오랜 습관이었다. 사실 피터는 퇴근 후에 친구들과 술을 좀 마시는 것뿐이었고, 그것은 전혀 악의 없는 취미였다. 그러나 그 모임에는 테미는 물론이고 어떤 여자(애인 또는 아내)도 끼지 못했다. 또 한번은 두 사람이 함께 파티에 갔을 때, 피터가 다른 여자와 오랫동안 이야기를 나누었다. 이는 사교적인 성격의 피터에게 자연스러운 일이었지만, 테미는 불안을 느꼈다. 그녀는 피터가 바람을 피우고 있으며, 자기가 피터에 비해 한참 부족한 사람이라는 생각에 사로잡혔다.

그러자 방금까지 연인이었던 사람이 점점 원수로 보였다. 테미는 피터가 자신의 자존심을 무너뜨리고 비참함에 빠뜨리려고 흉계를 꾸민다고 생각했다. 날이 갈수록 불안은 커졌다. 피터뿐만 아니라 피터의 직장 동료, 피터를 유혹하는 여자들이 전부 적으로 변했다. 불안한 테미에게는 모든 사람이 적으로 보였다.

이런 공포와 환상은 흔히 편집증으로 발전한다. 머지않아 테미는 아무도 믿을 수 없게 되고, 항상 방어태세를 취하게 될 것이다. 사랑, 나눔, 신뢰 등의 덕목은 이미 손상되었다. 그러나 테미가 적을 다 물리쳤다고 생각할지라도, 진짜 패자는 바로 그녀다. 자유롭고 건강하고 선한 삶을 이미 잃어버렸기 때문이다.

누가 적인가

우리는 모두 바깥 어느 곳에 적이 존재한다고 생각한다. 어떻게든 우리를 해치려고 애쓰는 사람, 압력, 질병, 국가 등이 존재한다고 말이다. 어떤 사람들은 원하는 것을 주었다가 도로 앗아가는 삶 그 자체를 원수라고 생각한다. 아니면 질병과 노화에 맞서야 한다고 믿는 사람들도 있고, 삶을 파괴하는 죽음이야말로 최후의 적이라고 여기는 사람들도 있다.

따라서 '무엇이' 또는 '누가' 우리의 적이며, 우리가 그들의 공격 방식을 어떻게 해석하는지 아는 것은 중요하다. 우리는 그런 신념들이 어떤 영향을 미치는지, 또 자신을 보호하느라 우리의 타고난 생명력이 얼마나 소진되는지 먼저 살펴봐야 한다.

적에게 대처하는 법

적에 대한 가장 보편적인 신념은 '싸워야 한다'는 것이다. 농락하고, 무기를 빼앗고, 죽이고, 속이고, 배반함으로써 그들의 공격에서 자신을 보호해야 한다는 믿음. 전쟁의 밑바탕에는 바로 그런 믿음이 깔려 있다. 사람들은 전쟁을 벌여 서로를 살육한다. 가정은 파괴되고, 고아가 생겨나며, 연인은 생이별을 한다. 우리와 그들(적)의 삶은 이 강한 믿음으로 인해 산산이 부서진다.

잠시 이 모든 행위를 멈추고, 적이 나타났을 때 안전을 도모하기 위해 우리는 어떤 활동을 하는지 하나하나 관찰해보자. 무엇이 우리를 조종하고 있는가? 우리는 어떤 생각과 감정과 행동으로 채워지는가? 적과 마주하고 경쟁하는 중에도 분노에서 벗어나 자유로워질 방법이 있는가?

적은 우리의 시간, 노력, 자원, 안락함, 행복을 모조리 빼앗아간다. 그보다 더 기묘한 사실은, 하나의 적을 해치우고 나면 즉시 열 명 이상의 적군이 또 등장한다는 점이다.

3장 내 감정을 설계하는 기준

인간에게는 적을 만들기 좋아하는 천성이 있는 것처럼 보인다. 우리는 위험과 어둠을 정복하는 일을 즐긴다. 우리는 '삶이란 거대한 전쟁터이며 항상 돌격할 준비가 되어 있어야 한다'는 생각으로 흥분한다. 이런 생각은 에고와 권력욕을 강화시킨다. 적을 무찌를 수 있다면 자신이 좀더 강하고 똑똑하고 지혜롭다는 우월감을 얻을 수 있다. 그것은 곧 자신의 삶을 스스로 지배할 수 있다는 뜻이기도 하다. 그러나 진실로 그러한가? 모든 전쟁에서 이겼을 때, 당신은 적군에게 막강한 권력을 행사할 수 있는가? 오히려 당신이 전투와 승리에 대한 욕구에 지배당하는 것은 아닌가?

적을 손쉽게 없애는 방법

"친구보다 적을 더 가까이에 두라"라는 옛말이 있다. 적을 없애는 가장 현명하고 쉬운 방법은 바로 그 사람을 친구로 만드는 것이다. 이 일을 하는 데는 1분이면 족하다.

다른 생각을 멈추고 스스로 물어보라.

"이 사람(상황)을 나의 적이라고 누가 규정하는가?"

바로 당신이다. 이제 당신은 그 생각을 바꿀 수 있다. 그 사람을 당신의 친구로 규정하라. 당신은 그 사람(상황 또는 조건)의 친구가 되겠다고 결심할 수 있다. 당신은 간단하게 싸움을 멈추고 친절과 배려로써 대응할 수 있다. 당신은 그 사람에게서 적대적이지 않은 면들을 찾을 수 있다. 당신이 먼저 그 악순환을 끊어버린다면 그들이 어떻게 당신을 해치겠는가?

내 삶의 진정한 적

마음의 준비가 되었다면 다음 단계로 넘어가자. 숨을 한 번 깊게 쉬고, 진짜 적은 어디에 숨어 있는지 찾아보라. 당신을 지속적인 혼란 속에 잡아두는 것은 정확히 무엇인가?

당신의 삶을 진정으로 파괴하는 것은 무엇인가? 그 폭

탄을 해체하는 가장 좋은 방법은 무엇인가?

이제, 진정한 적이 바로 당신의 내면에 있다는 사실을 직시할 때다. 당신을 휘젓는 것은 바로 혐오와 분노, 두려움과 심란함이다. 진정한 적은 분노와 두려움을 외부의 어떤 사람 또는 상황을 향해 발산하고 전쟁을 일으키게 하는 우리의 '내적 성향'이다. 분노와 두려움과 어두운 공상을 없애버리기 전까지, 우리는 점점 더 많은 적과 마주칠 수밖에 없다. 결국, 그들은 우리의 마음과 감정이 만들어낸 것에 불과하다.

 그림자의 재통합

저명한 심리학자 로버트 블라이$^{Robert Bly}$의 주장에 따르면, 그림자^{shadow}는 당사자도 깨닫지 못하는 내면의 어둠이며 우리는 그것을 외부의 사람에게 투사한다고 한다. 그래서 우리는 상대방에게서 우리

의 모든 단점을 그대로 발견할 수 있다.

자신의 어둠을 다른 이에게 투사하는 것은 자신을 극도로 약화시키는 행위다. 그것은 우리의 힘을 그들에게 주어버리는 것과 같다. 우리는 그들의 공격을 두려워한다. 그들이 우리보다 더 위험하고 강할까봐 근심한다. 그러나 돈키호테처럼 풍차와 싸우는 데 힘을 빼는 것보다는 현실을 직시하고 자신의 감정을 자각하겠다는 의지를 갖는 것이 훨씬 값진 일이다.

자신의 고유한 힘을 회복하면 다른 사람들을 진실하게 볼 수 있다. 우리는 모두에게 공통된 인성과 욕구를 발견할 수 있다. 우리는 상대방과의 충돌을 해결할 방법을 찾을 수 있다. 그리고 그 사람과 친구가 됨으로써 아름다운 치유를 시작할 수 있다.

09
치유와 용서는
가족에게서 시작된다

가정은 가장 흔히 화가 분출되는 공간이다. 또한 분노의
씨앗이 뿌려지는 곳이기도 하다. 우리는 함께 사는 사람
들에게 얽매이고 의존하고 약점을 보일 수밖에 없으며,
따라서 가족은 우리의 마음과 감정에 깊이 영향을 끼친
다. 이런 관계 속에서 우리의 방어태세는 점점 옅어지는
반면, 그들에 대한 기대와 요구는 커져만 간다.

행복한 가족이 정말 있을까?

우리는 '부모, 형제자매, 자녀는 마땅히 이러해야 한다'는 강한 표상을 갖고 있다. 우리는 가족에게 관심과 사랑을 받을 권리가 있다고 느낀다. 부모는 자신이 자녀를 어떻게 대하든 간에, 그들은 무조건 자신의 뜻에 따라야 한다고 생각한다. 그것은 자녀로서 당연한 역할이기 때문이다. 마찬가지로 자녀도 부모에게 부모 역할에 걸맞은 행동을 기대한다. 대부분의 사람은 서로 사랑하고 아끼며 어떤 잘못도 다 받아들여주는 '행복한 가정'에 대한 막연한 기대를 갖고 살아간다. 그러나 불행히도 이런 기대는 거의 충족되지 못한다. '행복한 가정'이라는 통념의 대부분이 상상으로 이루어져 있기 때문이다.

오히려 가정은 오해와 원한, 형제자매 간의 경쟁과 질투, 억지스러운 기대와 요구, 의견 충돌의 온상이 되곤 한다. 그러나 가정은 많은 일을 함께 겪으며 서로의 개성을 표현하고 자신과 상대방을 인정하는 법을 체득하며, 성장과 사랑을 경험하는 가장 좋은 배움터이기도 하다.

클레어는 여러 해 동안 치료를 받으면서 어머니에 대한 불만을 격렬하게 표출했다. 클레어의 아버지는 아내뿐만 아니라 온 가족을 학대했기 때문에, 자녀들에게 어머니는 나약하고 수동적이고 무력하며 남편을 제대로 쳐다보지도 못하는 사람으로 비쳤다. 클레어는 어머니를 고급 매장에서 쇼핑하는 일밖에 모르는 허영심 많은 여자로 묘사했다. 그녀는 어머니를 용서할 수도 없었고, 용서하고 싶지도 않았다. 자신이 겪은 모든 실패가 어머니 때문이라고 생각했다. 그녀는 자신이 남자친구를 잘 사귀지 못하는 이유와 결혼을 못 할 것 같은 불안감도 다 어머니 탓으로 돌렸다. 어머니에게서 여성으로서 모범적인 역할과 행동을 전혀 보고 배우지 못했다고 여겼기 때문이다. 그녀는 어머니처럼 살지 않겠다고 다짐했고, 그 대가로 정체성의 혼란을 겪고 있었다.

지금은 어머니와 따로 떨어져 살고 있지만, 어머니를 향한 클레어의 분노는 계속 발목을 붙잡았다. 클레어는 어머니를 있는 그대로 받아들이려 하지 않았고, 어머니 외에도 보고 배울 만한 모범적인 여성이 주변에 많이 있었다는 사실도 인정하지 않았다. 클레어가 이상적인 어머니를 갖지 못했다는 큰 실망감을 극복하지 못한 이유는 바로 그녀 자신의 수용력이 부족하기 때문이었다.

이처럼 우리는 모두 부모와 자식에 대한 이상적인 표상에 집착한다. 현실이 그 표상에 부합하지 못할 경우에는, 분노와 실망에 사로잡혀 각자의 재능을 발휘하고 꿈을 실현하도록 지지해주는 가족 관계를 형성하지 못한다.

가족과 정체성

가족 간에 분노와 갈등이 발생하는 주원인은 구성원 각자가 상호의존적으로 자신의 정체성을 형성하기 때문이다. 겉으로 드러나진 않지만 가족 구성원들은 각각 서로의 모습을 반영하고 있다. 부모는 자녀에게서 자신의 모습을 발견한다. 부모는 자신의 두려움을 자녀에게 투사하거나 자기 인생의 실패와 낙담을 자녀가 벌충해주기를 바란다. 가족 구성원들은 자연스럽게 서로 동질감을 느끼고, 상대방도 자신과 비슷한 생활 또는 일에서 기쁨을 느낄 것이라 짐작한다. 그러나 이 심각한 오해는 머지않아 큰 고통을 초래한다. 주변의 가족들이 얼마나 서로의 차이점을 인정하고 있는지 관찰해보는 것은 꽤 흥미로운 일이다. 많은 사람이 '완벽한 가족'이란 모든 구성원이 같은 취향을 갖고 있거나, 부모가 자녀에게 방향을 제시해주는 가족이라고 막연하게 생각한다.

각자 개성을 모두 드러내는 가족

가족 내에서는 각자의 개성個性을 형성해가는 과정이 반드시 일어나게 되어 있다. 수년간 부부가 함께 생활하거나 아이가 자라나는 동안, 구성원들은 각자 사랑하는 사람들과 자신 간의 차이점과 분리감을 발견한다.

그런데 어떤 사람들은 이런 경험을 견디지 못한다. 그들은 자신과 다른 가족 간의 차이점이 발견될 때마다 소외되거나 심지어 거부당했다고 느낀다. 그들은 가족 구성원 각자가 자신의 본모습(충만한 개성)을 표현하기 전까지는 진정으로 서로를 사랑할 수 없다는 사실을 모른다. 젊은이들이 가족의 강한 기대와 가치관마저 무너뜨리고 새로운 정체성을 형성해가는 모습은 이런 사실을 뚜렷하게 증명한다. 물론 청년기뿐만 아니라 모든 연령층의 사람들이 진정한 자기 모습을 가족이 그대로 인정해주고 관심을 기울여주기를 원한다. 그것이야말로 진정한 사랑이기 때문이다.

분노와 화해하는 법을 배우는 곳

성인이 된 사람은 더 큰 세상으로 나가 새로운 집단의 구성원이 된다. 이 집단은 종종 새로운 가족처럼 느껴진다. 그리고 그들은 가족들 속에서 해왔던 행동 패턴을 무의식적이고 반사적으로 반복한다. 그들은 가족에게서 충족하지 못한 욕구를 새로운 집단에서 충족하고자 노력할 것이다. 어릴 때부터 많은 강요에 시달려온 사람들은 다시 그런 처지에 빠질까봐 지레 자신이 맡은 책임을 거절할 것이다. 그들은 정당한 요청을 받으면 외면하거나 다른 사람에게 떠넘긴다. 사랑에 빠진 사람들은 부모에게서 본 모습을 그대로 답습하거나, 오히려 그와 정반대로 행동하기도 한다. 이처럼 가족은 성인이 된 이후에도 다양한 방식으로 막대한 영향력을 행사한다.

갈등, 부담감, 충족되지 못한 욕구는 기본적으로 가족관계에서 근원을 찾을 수 있으므로, 우리는 가족 내에서 해결을 시도해야 한다. 상처가 있든 없든 간에, 우리는 언젠가는 가족과 화해해야 한다. 그것이 바로 치유와 창조의 과정을 시작하는 첫걸음이다.

새로운 가족 선택하기

가족과 화해하고 나면, 우리가 원하고 중요시하는 사람들과 새로운 인간관계를 맺을 수 있다. 타고난 가족을 바꿀수는 없지만, 우리 자신의 개성과 소망을 지지해줄 중요한 인간관계를 창조하거나 함께 살아갈 친구를 선택할 수는 있다. 말하자면, 우리의 이상과 요구를 충족시켜줄 새로운 가족을 꾸밀 수 있다. 이것은 본래의 가족과 결별하라는 뜻이 아니라, 원래의 가족에게 계속 봉사하고 배우면서 동시에 당신이 원하는 삶을 실현하기 위해서 전진하라는 의미다.

10

부정은 긍정으로
바뀔 수 있다

어떤 사람들은 자신의 운명에 대해 적개심을 갖고 살아간다. 그들은 운명이 나쁜 상황을 몰고 왔으며, 자신은 별다른 수가 없었다고 말한다. 즉, 열정과 노력과 도전에도 불구하고 그들에게는 실패가 예정되어 있었다. 그들의 인생은 눈먼 운명의 손안에 놓여 있을 뿐이다.

운명의 다양한 얼굴

운명이 무엇이냐고 물으면 유전적 특징을 말하는 사람들이 있다. 그들은 타고난 신체적, 생물학적 기질이 개인의 능력치와 과업을 결정한다고 생각한다. 그것은 태어나기 전에 정해졌기 때문에 그들이 할 수 있는 일은 거의 없다는 것이다.

어떤 사람들은 운명이 '행운을 얻는 정도 차이'라고 대답한다. 그들의 삶은 오로지 운에 따라 결정된다. 그들에게 세상은 무작위적이고 변칙적인 곳이다. 토끼발 같이 희한한 부적으로 잠시 행운을 끌어오기도 하지만, 대부분의 경우 그들은 자신에게 다가오는 일에 별다른 통제력을 행사하지 못한다. 그들은 수동적이고 무력하게 고통을 받아들이거나, 반대로 무력감을 상쇄하기 위해 과도한 고집과 억지를 부리기도 한다.

반면 삶에는 법칙이 있다고 믿으며 업業의 개념을 받아들이는 사람들도 있다. 업은 원인과 결과를 뜻한다. 우리는 뿌린 대로 거둔다. 우리의 생각과 말과 행동은 씨앗처럼 업의 영역에 심어진다. 그리고 적절한 조건이 형성되면, 심지어 그것이 전생에 심어진 씨앗일지라도 반드시 꽃을 피운다. 원인과 결과의 고리는 여러 가지 조건과 맞물려 복잡하게 얽혀 있다. 업을 믿는 사람들은 자신의 생각과 말과 행동이 언젠가는 결과를 맺을 것을 알기에 항상 신중한 태도를 취한다.

마지막으로 운명은 곧 신의 의지를 뜻한다고 믿는 사람들이 있다. 인간의 삶은 신성한 계획에 따라 진행된다. 인간은 신의 뜻에 따를 뿐만 아니라 신의 기대에 부합하는 축복된 삶을 살기 위해 무던히 노력해야 한다. 또는 신의 축복까지 바라지는 않더라도 신의 전능하심, 생명의 거룩함, 희미한 두려움 등의 인도를 받아 신의 뜻을 좇는 사람들도 있다.

운명이 우리를 지치게 할 때

안나는 세 번이나 결혼했지만 세 번 모두 버림받았다. 처음에는 모든 일이 잘 풀렸고 결혼생활은 행복하게만 느껴졌다. 그러나 세 남자 모두 3년쯤 지나자 안나에게 싫증을 내며 다른 여자에게 가버렸다. 안나는 이런 비극이 세 번이나 반복되었다는 사실을 받아들이기 어려웠다.

"이건 정말 끔찍한 운명이에요. 저는 버림받은 여자라는 운명을 타고났어요."

이런 생각이 커질수록 안나는 점점 더 위축되었고 새로운 남자를 만날 수가 없었다. 그녀는 그런 비극에서 자신의 잘못을 발견하려 하지 않았다. 자신의 생각과 행동, 또는 무의식적인 습관이 그런 결과를 빚어냈을지도 모른다는 주위의 충고를 완전히 무시했다. 그녀에게는 그 경험들을 교훈 삼아 변화를 일으킬 의지가 없었다. 모든 책임을 오직 운명으로만 돌렸다. 그녀는 다른 방식으로는 현실을 받아들일 수 없었다.

안나는 자기 책임을 부정함으로써 일시적인 위안을 받을 수 있겠지만, 자신을 일방적인 피해자로만 여기는 사고방식 때문에 그녀는 곧 남은 생을 살아갈 힘마저 잃어버릴 것이다.

왜 그런 일이 일어났을까

인간은 의미를 추구하는 존재다. 우리는 세상을 이해하고자 노력한다. '왜 그런 일이 일어났을까?' 하는 문제는 보이지 않는 차원에서 우리에게 많은 영향을 미친다. 이 질문에 대한 답이 우리의 행동과 반응을 결정한다. 또한 일상에서 마음속의 성냄과 평화로움의 수준도 결정한다.

사람들은 사건의 원인을 알면 인생을 좀더 잘 통제할 수 있을 것으로 생각한다. 그들은 현명한 선택을 내리고 옳은 방향을 찾는 데 모든 에너지를 쏟는다. 왜 그런 일이 있어났는지, 또는 앞으로 어떤 일이 일어날지 알지 못하면 불안해한다. 이런 불안을 피하기 위해 사람들은 나름의 방식으로 지금 벌어지는 일을 해석하고 설명하려고 애쓴다.

만약 우리가 모든 일에는 신의 뜻과 의지가 있다고 믿는다면, 원하는 결과를 얻지 못하더라도 실패의 감정을 느끼지는 않을 것이다. 우리가 업의 법칙을 믿는다면, 힘든 일을 겪더라도 그것을 우리의 행동과 생각, 즉 업의 결과로 흔쾌히 받아들일 것이다. 이런 관점들은 맞닥뜨린 일을 좀더 큰 맥락에서 바라볼 수 있게 해준다.

우리는 안 좋은 일을 겪을 때 과거의 악업을 소멸하는 과정으로 이해할 수 있다. 즉, 부정은 긍정으로 전환될 수 있다. 만약 우리가 가치 있고 중요한 일을 배우기 위해 세상에 태어났다고 믿는다면, 벌어지는 모든 일을 배움과 성장의 긍정적인 계기로 해석할 수 있다.

적극적인 반응과 부정적인 반응

명확한 관점은 우리를 진취적이고 긍정적인 생활로 이끈다. 반면 우울과 혼돈, 허무주의를 조장하는 관점들도 있다. 자신을 바람에 흔들리는 나뭇잎이나 어두운 세력의 피해자로 인식하는 대신 신의 뜻이나 업의 법칙에 따라 인도되는 존재로 받아들인다면, 우리는 곤경에 처하더라도 건설적으로 대처할 수 있다. 그때 우리의 행동은 단순한 반응의 차원을 넘어 새로운 결과, 즉 긍정적인 업을 창조하는 일이 된다.

　우리는 부정적인 행동이 언젠가는 되돌아온다는 사실을 알고, 행동 하나하나를 주의 깊게 선택할 것이다. 그러나 삶이 무작위적인 운의 결과라고 믿는 동안에는 고통과 고뇌에 휩싸여 제멋대로이고 격정적이고 혼란스러운 반응으로 세상일에 대처할 수밖에 없다.

11

최선의 방어는
언제나 사랑이다

사람들은 비난, 거부, 배척, 기만, 무례함 등 다른 사람의 공격적인 행동을 두려워하며 살아간다. 그래서 그들의 삶은 방어적인 태도로 점철된다. 그러나 참으로 묘하게도, 어떤 것을 피하고자 할수록 그것에 더 많이 얽매이게 된다. 어떤 일을 골똘하게 생각하는 것은(그것을 피할 방법을 찾는 중이라도), 어쨌든 그 일을 마음속에서 붙잡고 있는 것이다. 마음속에 자주 등장하는 것은 곧 현실이 된다. 그 마음이 긍정적인 감정이든 그렇지 않든 간에.

3장 내 감정을 설계하는 기준

상처에 대한 두려움

상처받거나 놀림당하는 것에 대한 두려움은 우리의 삶을 심각하게 제한한다. 그 때문에 우리는 의심하고, 눈치를 보고, 마음을 닫고, 독선적인 사람이 된다. 이런 상황은 창살만 없을 뿐이지 감옥이나 다름없다.

메리는 어린 시절 어머니로부터 수없이 바보 취급을 당했다. 어머니는 대놓고 창피를 주었고, 메리의 모든 실수를 비웃었다. 그녀는 메리가 하는 일들을 모조리 웃음거리로 만들었다. 메리는 자라면서 다시는 이런 수모를 겪지 않겠다고 다짐했다. 그리고 어머니에 대한 분노 때문에 방어벽 속에서 사는 법을 터득하게 되었다.

메리는 누구와도 감정을 교류하지 않았다. 그녀는 활발하고 쾌활하고 붙임성 있게 행동했지만 그것은 겉모습일 뿐이었다. 메리는 옆사람과 친구가 된다는 것이 어떤 의미인지 알지 못했고, 소중한 사람들은 물론 자신조차 믿지 못했다.

그녀는 연애할 나이가 되었지만 어떤 남자와도 오래 관계를 맺지 못했다. 자기 감정을 표현할 줄도, 호의를 갖고 다가오는 사람들을 받아들일 줄도 몰랐다. 메리는 상처받고 거부당할 것을 두려워했지만 오히려 그 두려움이 시련을 불러왔다. 남자 친구는 그녀를 거부하고 떠나버렸다. 다음 번 남자도 똑같이 그녀를 떠났다. 바로 그녀의 차갑고 무관심한 태도 때문이었다.

최선의 방어

스스로 동의하지 않는 한 아무도 우리에게 상처를 줄 수 없다는 사실을 깨달아야 한다(물론 신체적인 폭력은 예외다). 다른 사람의 말과 행동은 우리를 직접적으로 해치지 않는다. 그것은 그들의 것이다. 그러나 그것을 내가 어떻게 받아들이고 해석하는가에 따라서 고통과 슬픔이 생긴다.

상처받지 않기 위한 최선의 방어는 스스로의 참모습, 재능, 가치, 진리에 눈을 돌리고 자신을 긍정적으로 평가하

는 것이다. 상대방의 행동에는 우리가 아니라 오히려 그
들 자신에 대한 정보가 더 많이 담겨 있다는 사실을 잊지
말아야 한다. 상대방이 우리를 거부하더라도, 그것은 우
리가 사랑과 보살핌을 받을 만한 가치가 없는 존재여서가
아니다. 그의 거부는 그의 선택일 뿐이다.

　그러나 우리는 그들의 행동 때문이 아닌 스스로 만들어
낸 해석 때문에 괴로워한다. 그들의 부정적인 견해에 동
의하고 자신을 그런 존재로 느끼면 그것은 곧 현실이 된
다. 우리는 자신의 견해를 살펴보고 성숙시키는 대신, 외
부의 견해를 생각 없이 받아들이는 오류를 범하곤 한다.

상처의 원인

깊이 신뢰하고 마음을 의지했던 사람에게서

배반과 모욕을 당하게 되더라도

그를 훌륭하고 신성한 벗으로 대할 수 있게 하소서.

– 샨티데바

다시 한 번 이 값진 경구를 살펴보자. 이것은 곰곰이 되새겨볼 만한 글이다. 이 글은 인간관계의 본질을 좀더 깊게 살펴보라는 조언을 하고 있다. 큰 실망을 안긴 사람을 왜 신성한 친구로 대해야 할까? 인생의 본질과 인간관계의 목적을 제대로 이해한다면, 결코 우리는 상처받지 않기 때문이다.

이 글은 우리가 다른 사람 때문이 아니라, 그들에 대한 우리의 집착 때문에 상처받는다는 사실을 깨닫게 해줌으로써 인간관계를 발전시킬 수 있는 방법을 알려준다.

우리는 다른 사람에게 특정한 행동과 모습, 또는 우리의 호의에 대한 보답을 기대한다. 우리는 그들의 모습을 인정하고 그들과의 인연을 소중히 여기기보다는 '이러저러해야 한다'는 요구만을 끝없이 쌓아올린다. 진정한 관계를 맺는 대신, 욕구를 충족시키기 위해 그들을 이용한다. 그리고 이런 태도는 반드시 실망과 고통을 불러일으킨다.

우리의 고통은 조건 없는 사랑을 연습하고 인연의 소중함을 깨달을 때 사라진다. 최선의 방어는 언제나 사랑이

3장 내 감정을 설계하는 기준

기 때문이다.

덧없음

붓다는 모든 혼합물은 반드시 분해된다고 말했다. 만남이 있으면 헤어짐이 있다. 사랑하는 사람들도 언젠가는 이별을 고할 것이다. 이것은 자연의 섭리다. 인생의 순환을 이해하여 일시적인 것을 애써 붙잡으려 하지 않을 때, 그리고 누구나 자신의 모습대로 살아갈 권리가 있음을 존중할 때, 고통과 상처와 분노는 급격하게 줄어든다. 그리고 사랑은 영원히 소멸하지 않으며 무한히 퍼져간다는 분명한 진리를 깨닫는다.